서민에게 들려주는
부자의 삶 이야기

서민에게 들려주는 부자의 삶 이야기

발행일	2025년 5월 6일

지은이	박춘성		
펴낸이	손형국		
펴낸곳	(주)북랩		
편집인	선일영	편집	김현아, 배진용, 김다빈, 김부경
디자인	이현수, 김민하, 임진형, 안유경, 한수희	제작	박기성, 구성우, 이창영, 배상진
마케팅	김회란, 박진관		
출판등록	2004. 12. 1(제2012-000051호)		
주소	서울특별시 금천구 가산디지털 1로 168, 우림라이온스밸리 B동 B111호, B113~115호		
홈페이지	www.book.co.kr		
전화번호	(02)2026-5777	팩스	(02)3159-9637
ISBN	979-11-7224-608-2 03190 (종이책)		979-11-7224-609-9 05190 (전자책)

잘못된 책은 구입한 곳에서 교환해드립니다.
이 책은 저작권법에 따라 보호받는 저작물이므로 무단 전재와 복제를 금합니다.
이 책은 (주)북랩이 보유한 리코 장비로 인쇄되었습니다.

(주)북랩 성공출판의 파트너

북랩 홈페이지와 패밀리 사이트에서 다양한 출판 솔루션을 만나 보세요!

홈페이지 book.co.kr • 블로그 blog.naver.com/essaybook • 출판문의 text@book.co.kr

---

작가 연락처 문의 ▶ ask.book.co.kr

작가 연락처는 개인정보이므로 북랩에서 알려드릴 수 없습니다.

연봉 3억 파이어족이 서민에게 들려주는 부자의 돈 이야기 후속편

서민에게 들려주는
부자의 삶 이야기

박춘성 지음

북랩

※ **일러두기**

- 이 책의 내용은 저자의 개인적인 경험에 기반한 서술이며, 투자나 법률적 조언을 목적으로 하지 않습니다.

- 제목과 본문에 쓰인 단어 중 「서민」은 일반적인 민중을 뜻하는 것이 아닌, 저자의 아들 「서준」과 「민준」을 통칭한 표현입니다.

- 「부자」라는 뜻은 부유한 사람(富者)이 아니라, 아빠와 아들(父子)을 의미합니다.

- 즉, 이 책은 순전히 저자의 개인적인 경험과 생각을 지극히 주관적인 시각으로 기록 남겨, 아빠로서 아들에게 들려주고 싶은 저자의 마흔 초중반의 인생 경험을 정리한 기록입니다.

- 저자의 2022년까지의 경험은 이미 이전 출간된 책들에 모두 반영되어 있어 이번 책에는 포함하지 않았습니다.

- 삽입된 자료 중 문제 될 수 있는 민감한 내용은 일부 가림 조치 및 명칭 바꾸어 표기했습니다.

- 저자가 아들에게 돈과 부동산, 현금흐름을 만들어내는 생산수단, 그리고 건강한 노후를 주제로 개인적인 경험과 생각을 들려주는 형식이다 보니, 전달 목적상 높임말을 쓰지 않았습니다. 이점 독자님들의 넓은 이해를 구합니다.

Prologue

   이 책은 제가 아버지로서 아들에게 들려주고 싶은 제 삶의 경험 중, 40대 초중반인 2022년부터 2024년까지 최근 3년간의 경험과 생각을 책으로 정리한 것입니다.

   2022년 이전의 경험은 이미 출간된 총 5권의 책들에 주제별로 정리해 두었기에, 이 책에는 기존 책에 포함되지 않은 2022년 이후의 기록 위주로 집필했습니다.

   주된 주제는 서민이가 커서 이 험난한 세상을 슬기롭게 잘 헤쳐 나가도록 돈벌이와 먹고사는 지혜에 관한 내용이지만, 그 외에도 마흔 이전에는 절대 깨우칠 수 없는 건강과 노후, 연금, 그리고 영원한 이별 즉, 죽음에 대해서도 마흔 중반인 저의 생각을 정리해 봤습니다. 이 책으로 말미암아 제가 살면서 겪었던 고민과 고난에 대해서 서민이는 좀 더 수월하게 미리 대비할 수 있기를 기원합니다.

   가장 마지막으로 저술했던 5번째 책에서 저는 절필을 선언했었습니다. 책 쓰는 일은 투입되는 시간과 노력 대비 인세 소득이 매우 저조해 너무나도 가성비가 안 좋다는 생각에, 앞으로는 책을 쓰지 않겠다고 선언했었습니다.

그런데 지금 다시 책 쓰게 된 이유는 2024년 여름부터 시작된 심각한 건설업 경기 불황 때문입니다. 그전에는 제가 운영하는 법인회사 사업이 바빠서 책 쓸 시간이 너무 아까웠었는데, 최근 심각한 건설 불황으로 일이 크게 줄어 시간 여유가 매우 많아졌지요.

그리고 2024년 연말에는 분양받아 두었던 신축 상가에 프랜차이즈 카페를 창업하는 등 서민이에게 들려주고 싶은 소중한 저의 경험이 추가되어, 건설경기 불황으로 할 일 없이 노는 것보다 저의 소중한 경험을 기록으로 남겨두면 서민이에게 간접경험이라도 도움 될 거로 생각해, 비록 졸필이지만 다시 한번 펜을 들었습니다.

목차

Prologue   5

제1부   부동산

1장. 신축 아파트 분양권   13
- 2022년 시흥 신도시 32평 신축 전세   14
- 2023년 송도국제도시 42평 신축 실입주   19
- 아파트 세금과 입주예정자 협의회에 대한 경험   24
- 2019년에 수립한 인생 목표와 2025년 현재 달성 실적   28

2장. 신축 상가 분양권   33
- 2022년 신축 아파트 단지 내 상가 분양   34
- 2024년 상가 준공 앞두고 대혼란   41
- 대응 조치 1 - 언론사 제보   48
- 대응 조치 2 - 공인중개사협회 활용   51
- 대응 조치 3 - 국민신문고 민원투서   55
- 대응 조치 결과   62
- 상가 잔금 내고 카페 입점   66

3장. 농지 건축허가   73
    강화도 405평 농지에 건축계획   74
    강화도 405평 농지 매도계획   80
    농지 유료 임대, 주인의식 결여   90
    지인 무료 임대, 책임 회피   98
    미래 먹거리를 위한 법인 기술연구소 설립   101

4장. 제주 법인사옥   105
    단독주택을 근린생활시설로 용도변경   106
    사는 건 쉬운데 파는 건 어렵다   112

5장. 임야 택지개발   117
    건축허가 받은 123평 임야   118
    경제자유구역 지정되어 택지개발 가능성   123

제2부　생산수단

6장. 현금흐름 만들어내는 카페 창업　133
　상가 직영 운영 제안　134
　프랜차이즈 카페 창업 알아보다　136
　카페 창업 준비　140
　그랜드 오픈　150
　카페 매출 분석　154
　가족관계에도 상가 임차료를 내야 하나?　157
　엄마의 현금흐름 생산수단　164

7장. 은퇴 후에도 현금흐름 만들어내는 연금/공제　167
　국민연금 가능 범위 내 최대 납부　168
　국민연금 미납 기간 자진 추가 납부　172
　기술사로서 과학기술인 공제 최대 납부　175
　사업자로서 노란우산 공제 최대 납부　178
　필요시 농지연금, 주택연금 추가 가능　182

8장. 그 외 소소한 생산수단　185
　공학박사로서, 대학교수 월급 소득　186
　기술사로서, 기업체 특강 소득　196
　전문가로서, 심의/자문/점검 소득　201
　작가로서, 책 판매 인세 소득　204
　블로거/유튜버로서, 광고 소득　214

제3부 건강한 노후

9장. 노화 현상 — 221
- 2019년 (만38세) 급성 A형 간염 — 222
- 2021년 (만40세) 노안 — 230
- 2022년 (만41세) 공복혈당 장애 — 233
- 2024년 (만43세) 저혈당 쇼크 실신 — 243
- 2024년 (만43세) 수면 장애 — 255

10장. 운동 건강 — 261
- 산에 취미 붙이다 (한라산은 동네 뒷산) — 262
- 걷기에 취미 붙이다 (제주 올레길 완주) — 267
- 국토종단 (서해 인천항에서, 동해 강릉항까지) — 273
- 달리기에 취미 붙이다 (매일 10km 러닝) — 293

11장. 원대한 노후 계획 — 299
- 40대까지는, 서민 독립 만세 — 300
- 50대까지는, 주 3일 근무하며 KTX 전국 여행 — 304
- 60대부터는, 노령연금으로 해외여행 욜로~! — 314

Epilogue — 316

제1부

부동산

신축 아파트 분양권

서민아, 들려주고 싶은 여러 이야기가 다양하나, 아무럼 돈 얘기가 가장 먼저 떠오른다.

돈이 인생 행복의 100%는 아니어도 한 98.5% 정도는 차지한다고 생각하기에, 돈에 관한 아빠의 경험을 가정 먼저 꺼내 써보련다.

그중에서도 1장에서는 신축 아파트 분양받았던 경험을 우선 들려주마.

2022년
시흥 신도시 32평 신축 전세

서민아, 2017년부터 시작된 급격한 집값 폭등으로 2019년 7월부터 정부의 강력한 부동산 규제정책이 시행되었지. 유주택자에게 더는 신축 아파트 분양받을 수 없게 했고, 집 사는 데 필요한 은행 대출도 못 받도록 매우 까다롭게 규제했단다.

그런데도 수요 대비 공급 부족으로 집값 상승은 막지 못했고, 게다가 2020년부터 3년간 전 세계를 휩쓴 코로나 팬데믹으로 경제 위기감이 커지자 금리를 대폭 인하하는 초저금리 시대로 들어섰단다.

금리가 매우 낮으니 인플레이션을 대비해 많은 사람이 너나 할 거 없이 합법과 편법을 총동원해 최대한 대출 많이 받아 부동산 등 현물자산에 투자했고 그러다 보니 2022년까지는 계속 집값이 가파르게 상승했지.

2022년 하반기에 코로나 팬데믹이 어느 정도 잠잠해지자 미국은 인플레이션 통제를 위해 금리를 급등시켰고 그 여파로 아파트 등 모든 실물자산 가격이 급락하면서 경기가 침체되었지만, 그래도 2019년 폭등 이전의 가격보다는 높은 선으로 유지되고 있단다.

아빠는 2017년에 다니던 직장을 자진 퇴사 후 완전한 프리랜서 기술사로 독립하여 회사 다닐 적 월급보다 4~5배 많은 돈을 매달 벌었고, 그 돈으로 초기에는 아파트 갭투자 위주로 부동산에 투자했었단다.

그러던 중 2019년 정부의 강력 규제정책 발표 직전, 운 좋게 미분양된 신축 아파트 분양권 2채를 분양받았지, 그중 한 채는 현재 우리가 거주하는 송도국제도시의 42평 아파트이고, 다른 한 채가 시흥시 역세권 신도시에 있는 32평 아파트란다.

이번 장에서 다룰 주제는 시흥시 역세권 신도시 32평 아파트인데, 2019년 6월 미분양된 것 중에 그나마 가장 좋은 동호수를 지정해 4억 4,000만 원에 분양받았고, 근 3년 지나서 2022년 2월 준공했을 때는 전세보증금 4억 원 받고 임대를 주었을 정도로 집값이 많이 올랐단다.

즉 전세보증금 제외하면 취·등록세 포함해 약 4,700만 원에 신축 32평 아파트를 한 채 소유하게 된 것이지.

현재까지 매매 실거래 시세가 최고 6억 5,000만 원에 이르니, 때를 잘 맞춰 좋은 조건으로 매도한다면 4,700만 원 투자하여 3년 만에 약 2억 원의 이익 얻은 꼴이란다. 여기서 양도소득세(38%, 5,625만 원)를 차감해도 약 1억 4,400만 원 순이익이 남는데, 매우 성공적인 투자라 할 수 있지.

　이는 아빠가 투자 감각이 뛰어나고 부동산에 해박한 지식이 있어 이룬 수익이 절대 아니고, 순전히 운이 좋아 미분양된 것을 잘 주워 담았기 때문이란다.
　여기서 아빠가 들려주고 싶은 핵심은 투자를 잘해야 한다는 게 아니라, 투자금을 잘 벌어야 한다는 것이다. 즉 매달 현금흐름 소득이 잘 들어오는 체계를 구축해 놓아야 한다는 것이지.
　매달 들어오는 현금흐름 소득을 높이려면 전문직으로서 학력과 자격 및 경력을 갖춰둬야만 그나마 일반 직장인들보다 높은 현금흐름을 만들 수 있는 것이란다. 서준이가 기억할지 모르겠지만 중3 때 아빠에게 한 달 수입이 얼마냐고 카톡으로 물어봤었지.
　그때 아빠가 답글했듯이 서민이는 아빠랑 똑 닮은 아들이기에, 커서 아빠보다도 더 많은 현금흐름을 충분히 만들어 낼 수 있을 것이라 믿어 의심치 않는다.
　안정적인 현금흐름을 만들기 위해서는 본인의 업역 분야에서 확실히 인정받는 전문성이 있어야 하고, 그 전문성을 인정받기 위해서는 기본적으로 10년 이상의 경력과 그 분야 최고위 자격 및 학위가 필요하다고 아빠는 생각한다.
　서민이가 아빠 따라서 건설 분야로 입문한다면 아빠가 이래저래 많은 도움 줄 수 있겠지만 서민이 인생이니 알아서 원하는 분야로 진출하되 어찌 되었든 꼭 해당 분야의 전문가가 되기를 바란다.

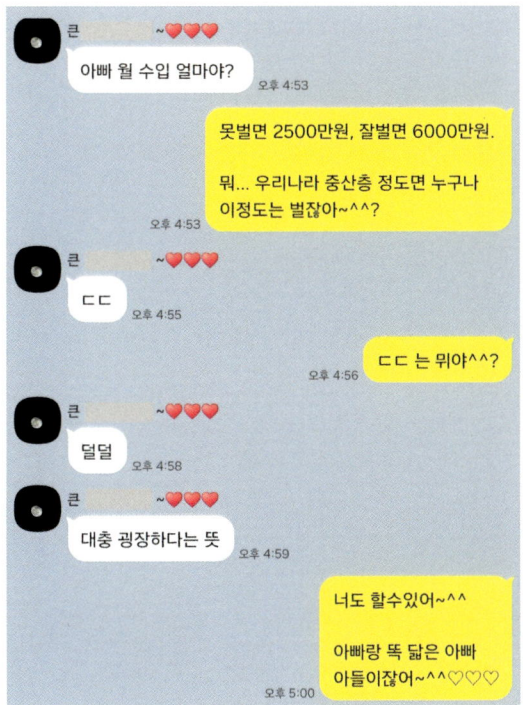

아빠의 월수입에 대한 질의회신 기록

〈아빠가 생각하는 전문가로 인정받기 위한 필수조건〉

1. 해당 분야 10년 이상의 실무경력

2. 해당 분야 최고위 자격 (소위 '완장 차다'라고 표현)

3. 해당 분야 최고위 학위 (소위 '모자 썼다'라고 표현)

우스갯소리로 하는 말이지만 우리나라에서는 모자(학위)만 써도 전문가로 인정받고 완장(자격)만 차도 전문가로 인정받지만, 모자와 완장 둘 다 착용하고 있다면 그 누구도 반박할 수 없는 최고의 전문가로 인정받는단다.

그리고 최고위 자격과 학위를 취득하기 위해서는 기본적으로 10년 이상의 경력은 필요할 터이니, 실무능력 부분에서도 아무도 반박하지 못할 거라 생각된다.

하여튼 서민아, 너희들이 몸담을 분야에서 최고 전문가가 되어라. 그게 이번 장의 결론이다. 그러면 전문가로서 안정된 현금흐름을 만들 수 있고, 그 여윳돈이 모이면 도심지 신축 분양권에 투자해 보아라.

대도시의 신축 아파트는 어지간해서는 실패하기 어려운 투자란다. 물론 경쟁률이 꽤 세겠지만 불경기에 미분양 매물을 노린다면 충분히 가능성 있고, 또한 서민이가 만 17세 되면 아빠가 청약저축 만들어 줄 테니 꾸준히 불입하면 20대 나이에도 당당히 청약 당첨되는 것도 가능할 수 있단다.

여기서 중요한 것은, 잔금 때 필요한 여윳돈이 충분히 확보되어 있어야 한다는 것이란다. 부동산 호황기에 멋모르고 분양권 여러 개 투자했다가 갑작스레 금리 인상되어 잔금 마련 못 해 경매 넘어가고 신용불량자 되는 사례 수도 없이 많으니 말이다.

2023년
송도국제도시 42평 신축 실입주

2019년 전반기는 송도국제도시 집값이 침체한 불황이어서 당시 미분양된 아파트가 몇몇 있었단다. 그 시절 서민이의 큰아빠는 분양권 전매 위주로 투자해 돈 좀 만졌고 아빠에게 송도 내 미분양 아파트 정보를 알려주며 여유 있으면 투자해 보라고 권유했었지.

당시 우리가 거주하던 아파트는 입지가 참 좋아서 살기에 만족스러웠는데, 다만 32평이다 보니 방이 좀 부족한 게 고민이었단다. 아빠는 프리랜서로서 방 한 칸 차지해 사무실 겸 서재로 써야 했고 침실을 빼면 서민이가 작은방 한 칸을 같이 써야 했었지.

그때는 아직 서민이가 초등학생 시절이라 별문제 없었지만, 너희들이 커가는 걸 생각하면 중학교 갈 즈음에는 방이 하나 더 있는 40평대 큰 평수로 이사해야겠다고 생각했단다.

그래서 송도 내 미분양 아파트 소식을 듣고 엄마와 함께 견본주택을 둘러보았지. 방 4개 있는 42평형을 봤는데 신축 아파트라 내부 구조가 깔끔하니 세련되어 좋았단다.

다만, 건물 위치가 좀 고민이었단다. 위치가 송도이기는 한데 옥련동 구도심에 근접한 송도 구석에 있었고 주변에 개발 안 된 황무지가 일부 있어 여기를 분양받아도 될지 갈등이 있었단다.

아빠가 부동산 전문가도 아니고 미래를 예견하는 능력이 있는 것도 아니기에 걱정이 좀 되었지만, 입주 예정일이 2023년이라기에 4년이라는 긴 시간 동안의 주변 개발 가능성을 믿어 보기로 했단다.

그 아파트만도 약 2,000세대에다 인근 입주 예정인 다른 아파트까지 합하면 총 1만 세대 이르는 대규모 택지인데, 인구로 보면 약 4만 명이 수년 후 입주 시작하면 물밀듯이 들어올 텐데 주변 황무지를 계속 방치하지는 않을 것으로 생각했단다.

정치인들이 선거 때 그 4만 명의 표 얻으려면 분명 무언가 조치 취할 것으로 생각해, 4년이라는 긴 시간을 믿고 미분양 매물 중 가장 마음에 드는 동호수를 지정해 5억 8,000만 원에 분양받았단다.

운이 좋게도 몇 개월 안 지나 송도의 집값이 확 급등했고, 분양받은 지 6개월 지나 전매 가능 시기에만도 5,000만 원 이상의 프리미엄이 형성되었지.

그 이후 정부의 강력한 아파트 규제에도 불구하고 정책 부작용 나듯 오히려 주변의 모든 집값이 더 급등했고, 4년이 흘러 준공되어 우리가 이사 들어온 2023년 2월에는 미국의 금리 인상 여파로 부동산 경기가 크게 침체하였지만, 그래도 은행의 대출 감정가격이 8억 원에 이를 정도로 분양 당시보다 크게 올라가 있었단다.

그리고 입주 2년이 더 지나 양도소득세가 일반과세 적용될 즈음에는 호가가 10억 원 육박할 정도로 가격이 올랐지. 이번 건 역시 정말 운 좋게 시기가 잘 맞아주어서 입주 후 2년 만에 근 4억 원의 자산가치가 상승한 것인데, 어쨌든 이 집은 우리 서민이가 독립할 때까지는 실 거주할 예정이니 당장 매도 계획이 없어 집값 올랐어도 그림의 떡이란다.

나중에 서민이가 군대 다녀오고 취직도 해서 안정적으로 독립하면 아빠랑 엄마 단둘이 살기에는 많이 크고, 또 그즈음이면 여기도 입주 15년 차 정도 될 터이니 그때는 평형 줄여서 당시 신축 아파트로 이사 갈까 생각한단다.

아빠는 앞으로도 아파트 2채 이상은 지속 보유하려는데, 그 이유는 앞 장에서도 말했듯이 대도시 내에 있는 신축 아파트는 언제든지 현금화시킬 수 있는 안전한 자산이고, 또 다른 이유는 여기 42평 아파트의 취·등록세를 포기하는 게 너무 아까워서 그렇단다.

왜 그러냐 하면 2019년 이 아파트를 분양받았을 때는 처음 해보는 분양이라 잘 몰라서 별생각 없이 아빠 단독 명의로 분양받았는데, 이후 투자와 세금에 대한 지식이 쌓이다 보니 엄마와 공동명의로 해두어야 차후에 양도소득세 절감할 수 있는 큰 장점이 있다기에, 입주 1년 전인 2022년에 엄마와 공동소유로 명의를 변경했단다.

아빠와 엄마는 가족관계이기에 단순히 부부간의 증여로만 생각했고, 부부간에는 10년간 6억 원까지는 증여세 면제된다고 알고 있었기에 별도 세금은 발생하지 않는다고 착각했었지.

그런데 잔금 치르고 입주할 때 보니 가족 간 증여도 분양권 전매 행위로 보아서, 강화된 부동산 규제정책에 의거 엄마 지분인 2억 9,000만 원에 대해서는 12%나 되는 엄청난 징벌적 취득세율을 적용받았단다.

내지 않았어도 되었을 세금 2,320만 원을 아빠의 무지함으로 더 내야 했었지. 2,320만 원이 뉘 집 개 이름도 아니고, 양도세 아껴보겠다고 명의 변경 안 했으면 안 냈어도 될, 불필요한 취득세를 납부하면서 엄청 속 쓰렸단다.

그래도 다행인 게 사람이 마음먹기에 따라 달라진다고, 주변에 자문해 보니 나중에 언젠가 이 집을 팔고 나갈 때는 집값 오른 만큼 어차피 양도소득세를 내야 할 텐데, 기납부한 취득세는 필요경비로 인정되어 양도세에서 공제받을 수 있다니, 어차피 15년 후에 내야 할 양도소득세를 15년 일찍 내었다고 생각하면 별문제 아니었단다.

아빠가 그 2,320만 원 없다고 당장 밥 굶는 것도 아니니, 그냥 어차피 낼 세금 먼저 좀 내었다고 마음 편하게 생각했지. 그게 정신건강에 좋단다.

그런데 1가구 1주택으로는 2년 이상 거주하면 양도소득세가 전면 면제되니, 그렇게 되면 먼저 낸 취득세 2,320만 원을 되찾을 길이 없어지는 것이지. 그래서 이왕 취·등록세 물려있는 거 이 집을 팔 때까지는 안전한 현물자산인 아파트를 최소 2채 이상은 투자 목적으로 보유하여 나중에 집 팔 때는 먼저 이 집부터 팔아서 꼭 양도소득세 공제받으려 계획하고 있단다.

정부의 과도한 규제정책으로 아빠는 어쩔 수 없이 강제적으로 부동산 투자자로의 삶에 떠밀리게 된 경우이지. 어쨌든 나중에 서민이도 결혼해서 신축 아파트 분양받는다면 계약 시 미리 공동명의로 해두어야지, 나중에 변경하려면 가족관계라도 전매로 취급하여 예상치 못한 추가 세금이 나올 수 있으니 꼭 주의하기를 바란다.

불필요한 취득세 과세 명세 / 입주 전 가족사진

아파트 세금과
입주예정자 협의회에 대한 경험

32평형 아파트를 '국평(국민평형)'이라 별칭 하며, 32평까지는 국민 주거 안정을 위한 필수재라 인정하기에 신축 분양 시 부가가치세를 면제해 준단다.

42평 이상은 국가에서 보기에 필수재를 넘어선 과소비라 여기는지, 토지 가격은 제외하고 건물 가격에 대해 부가가치세 10%를 추가로 내야 한단다.

뭐 그렇다고 해도 막상 42평 살아 보니, 부가세 더 내더라도 넓은 집 사는 게 쾌적하고 더 좋더라. 그리고 나중에 매도할 때 부가세 내었던 돈만큼 매도가격에 포함해 돌려받으면 될 것이니 부가세도 별문제 안된단다. 취득세가 문제지.

그리고 세금 관련 정부 발표를 절대 곧이곧대로 믿으면 안 된다. 각종 증세나 규제정책 등 내 돈을 빼앗아 갈 정책은 반드시 실현될 터이니 믿고 미리 대비해야 하지만, 감세 정책 등 내 돈을 돌려준다는 정책은 허풍으로 끝나고 실현되지 않는 확률이 매우 높으니 조심히 걸러들어야 한단다.

　최근의 예를 들자면 2022년 연말에 자산가들이 주로 지지하는 보수 정부에서는 지지층의 감세 요구에 부응하여, 취·등록세 감세 정책을 발표했었지.

　아직 국회의 세법 개정동의 절차가 남아있었지만, 정부에서는 감세 적용 시기를 정부의 발표 직후 거래된 모든 건에 대해 소급 적용하겠다고 당당히 발표했었단다.

　그러면 우리 42평 아파트도 감세 소급 적용 대상에 해당하니 이미 납부한 취·등록세 중 1~2천만 원은 다시 돌려받을 수 있어 기대를 많이 했었지.

　취·등록세 감세는 세법 개정이 필수적이라 대통령 마음대로 바꿀 수 있는 게 아니고 반드시 국회의 동의가 필요한데도, 정부에서는 독단으로 당당히 공식 발표해 놓고 3년이 지난 지금까지도 시행 안 되고 있으며 또한 아무도 책임지지 않고 있단다.

　게다가 2024년 국회의원 총선에서 보수 진영이 대패하였기에 더더욱이 실현될 가능성이 요원해 보이는구나. 그러니 정부 발표 내용 중, 감세 등 혜택 주겠다는 내용은 절대 쉬이 믿지 말고 두 번 세 번 살펴봐야 한다.

　또한, 서민이는 입주예정자 협의회 등의 돈 안 되고 영양가 없는 대외 활동은 구태여 참여하지 말기를 바란다.

아빠는 우리가 사는 아파트를 분양받은 후 입주예정자 협의회에서 몇몇 문제가 있어 보여 이를 확인하고자 임원진으로 참여했었는데, 여러 회원의 추천으로 어쩌다 보니 회장 직책까지 맡게 되었단다.

일단 직업이 건설 분야 전문가인 교수이고 기술사에다 공학박사이다 보니, 시공회사를 상대로 입김이 잘 통할 것으로 생각했는지 많은 회원이 99% 찬성해 주어 회장으로 선출되었는데, 그 나머지 1%의 반대 세력이 문제였단다.

그들 중 일부는 입주예정자 협의회 활동을 전문으로 하며 입주 박람회나 사전 하자 점검 등 각종 대행업체와 수의계약 맺게 해주고 이득을 챙기는 전문 브로커들이란다.

주로 부동산 분양업계 관련자들이 많은데, 수의계약 시 유리하게 업체 선정을 이끌어 가려는 의도로 입주예정자 협의회장을 하려는 것이지.

본인들 요구가 통하지 않는 아빠가, 전체 회원의 99% 찬성으로 회장직에 선출되니 말도 안 되는 억지와 온갖 거짓 주장으로 인신공격하며 협의회 내에서 계속 분란을 일으켰단다.

서민아, 옛말에 이런 말이 있단다. "까마귀 노는 곳에 백로야 가지 마라". 저들은 입주예정자 협의회 임원진에 참여하는 모든 이들이 자기들처럼 이권을 노리고 접근한 까마귀라 생각하고 쫓아내기 위해 마구 인신공격도 서슴지 않는단다.

그러니 서민이가 아예 부동산 업계로 진출해 부동산업을 평생 전업으로 할 거 아니라면 이런 쓸데없고, 돈 안 되고, 스트레스 받고, 시간 많이 빼앗기는 임원이나 회장 따위 직책을 할 필요 없단다.

비단 아파트 입주예정자 협의회뿐만 아니라 살면서 여기저기 마주치게 되는 각종 협회, 학회, 동문회, 친목회 등등 모든 모임에서 명확한 보수 대가를 받는 게 아니라면 되도록 어떤 직책이라도 맡지 마라. 영양가 없다.

2019년에 수립한 인생 목표와
2025년 현재 달성 실적

2019년 분양계약 후 설정한 인생 목표

위 자료는 2019년에 42평 아파트 분양받은 직후 2023년까지 아빠가 이루고 싶은 목표들을 요약해 아빠 서재 책상에 붙여 두었던 인생 목표란다.

목표가 명확하고 그것을 시각화하여 수시로 되뇌면 이성적 측면과 감성적 측면에서 공명 현상이 일어나 목표 달성 욕구가 배가되어 실제 그 목표를 달성하게 될 확률이 더욱 높아진다더라.

근 6년 지나 2025년에 들어서서 저 때의 인생 목표가 달성되었는지를 돌아보니, 위 목표 중 빨간색 글자는 성공적으로 달성했고 파란색 글자는 미달성했는데 항목별로 결과를 한번 살펴보자꾸나.

1. 순자산 25억 초과!
- 부동산 자산이 주를 이루다 보니 경기 변화에 따라 자산가치가 들쭉날쭉하지만, 호가 기준으로 본다면 목표 달성했단다.

2. 비근로 소득 월 1천 초과!
- 비근로 소득은 달성하지 못했지만, 대신 아빠의 법인사업이 확장되어 소득이 평균 월 4~5,000만 원에 이를 정도로 증대되었단다. 하지만 어쨌든 결과적으로는 목표 달성 실패했단다.

3. 42평 아파트 입주!
- 당연히 잘 입주해서, 만족스럽게 살고 있잖니.

4. 자가용 G90!
- 이건, 지난 2년 동안 아빠의 가치관이 너무 많이 변하여 일부러 달성하지 않았단다. 지금 당장이라도 원하면 G90은 물론 1억 원 내

외의 외제 차 구매도 가능한데, 그때는 아빠가 비대면 사업보다는 강의 등의 대면 활동이 주 소득원이다 보니 남들에게 보이는 모습을 뽐내기 위해 고급 차를 생각했던 것이었지. 그런데 지금은 누구에게 잘 보일 필요가 없기에, 그냥 힘 좋고 대충 막 탈 수 있는 렉스턴 스포츠 화물차가 제일 편하단다. 어쩌다 간혹 대면 업무 볼 때는 엄마에게 넘겨준 G80 정도만 있어도 별로 꿀리지는 않는단다.

5. 강화도 세컨드하우스 5도 2촌!

- 이건 목표를 몇 배는 상회 달성하여, 이제는 강화도뿐만 아니라 제주도에도 전원주택 별장 만들어놓고, 매주 제주도에서 휴양하고 있단다. 물론 애초 목표대로 강화도의 세컨드하우스도 그대로 소유하고 있고 말이다.

6. 농사 천재!

- 이건 실패. 아빠가 소유한 강화도의 405평 농장은 취미로 농사짓기에는 면적이 너무 넓어 농사가 매우 힘들더라. 이 정도 면적이면 농사를 주업으로 해야지, 취미로 할 수 있는 단계가 아니란다.

7. 매년 해외여행!

- 이것도 실패. 하지만 이건 우리가 가난해서 실패한 게 아니라 2020년부터 발생한 코로나 팬데믹 때문에 못 간 것이고, 이후는 분양 상가 잔금 대비한다고 약간 허리띠 졸라매었는데, 2024년 연말에 상

가 잔금 잘 치르고 카페 창업까지 완료했으니, 이제 2025년부터는 매년 여행 다니자꾸나.

이번 장에서 아빠가 들려주고 싶은 핵심 사항을 요약하자면, 우선 세금을 잘 알아야 하고, 쓸데없이 돈 안 되는 각종 모임은 참여하지 말라는 것이며, 명확하게 인생 목표 수립하고 시각화해 수시로 되뇌면 목표 달성에 큰 도움이 된다는 것이라 정리하겠다.

신축 상가 분양권

이번 책을 집필하기로 마음먹게 된 결정적인 계기가 바로 상가 분양과 카페 창업에 대한 경험 때문이란다.

아빠 혼자 경험하고 그냥 흘려보내기에는 너무 소중한 값진 경험이라서 꼭 서민이에게 간접경험이라도 들려주고자 그때그때 기록해 두었으며 그걸 정리해 이번 장에 설명해주련다.

2022년
신축 아파트 단지 내 상가 분양

앞서 설명한 4억 4,000만 원에 분양받은 시흥시 역세권 신축 아파트가 2022년 2월에 완공되어 잔금 치르고 정리 끝나자, 전세보증금을 분양가에 육박하는 4억 원이나 받은 덕분에 아빠 수중에 약 7,000만 원의 여유자금이 남아돌게 되었단다.

2022년 여름까지만 해도 아직 미국이 초저금리를 유지하던 시기라서 부동산 자산가치가 계속 오르고 있었지. 즉 현금 쥐고 있으면 낮은 금리로 인해 오히려 손해 보던 상황이었단다.

그렇기에 신속히 다음 투자처를 물색했고, 마침 그즈음 서민이 큰아빠가 지식산업센터에 여러 채 투자해 매달 100만 원 이상 임대수익을 벌고 있다고 아빠에게 자랑질(?)했었단다.

아빠는 기술사 프리랜서로서 매월 벌어들이는 현금흐름이 충분히 여유 있었기에 구태여 월세 받는 수익형 투자 따위는 관심 없었는데, 큰아빠의 자랑질이 꼴 보기 싫기도 하고 부럽기도 해서 이번엔 아빠도 월세 받는 수익형 투자를 한번 해볼까 생각하게 되었지.

사람이 뭐든지 관심 가지고 계속 생각하면 그와 관련된 것들이 계속 눈에 들어오기 마련이란다. 수익형 부동산에 관심 두다 보니 신문과 인터넷에서 상가 분양 광고들이 많이 눈에 띄었고 짬 내어 분양홍보관 둘러보며 견문을 넓혀갔지.

그때 봤던 곳 중 하나가 시흥에 있는 한 스트리트형 상가였는데 홍보하는 여직원이 말도 좀 버릇없게 하고 시공회사 명칭도 제대로 구분 못 하는 등 너무 잘 모른다 싶어 더는 쳐다보지 않았었단다. 아마도 정식 직원이 아니라 계약 건별로 수수료 받는 다단계 점조직이었다고 생각되는데, 소속감이나 조직에 대한 애사심이 없으니 그리 잘 모르고 말했던 것이었겠지.

이후 3년이 흘러 2025년에 들어선 지금, 돌이켜 보면 그때 그 스트리트형 상가에 투자 안 한 게 정말 다행이었단다. 지금 거기 가보면 수많은 상가가 대부분 공실로 비어 있지.

아빠가 보기에 한 90%는 공실 상태이고, 약 10% 정도만 울며 겨자먹기식으로 어쩔 수 없이 무인 매장들이 몇몇 입점해 있더라. 서민이도 혹여 커서 상가 투자할 생각이 있다면 아직 들어서지 않은 신도시는 아예 쳐다보지도 말아라.

신도시가 완성되어 사람들이 들어차기까지는 짧아도 10년은 걸릴 건데 그때까지는 미분양 폭탄일 수밖에 없단다. 여윳돈이 넘쳐나면 모를까 아니라면 신도시 상가는 쳐다볼 필요도 없다.

그 외에도 여러 투자처를 알아봤는데 마침 어느 신도시에 신축되는 아파트의 단지 내 상가 분양을 추천받았단다.

위치도 신도시 내에서 이미 개발 완료되어 많은 인구가 거주하고 있어 좋았고, 주변이 중고등학생 학원들이 밀집한 학원가 상권이라서 관심 가지고 보았지.

추천해준 공인중개사는 아빠와 이전에도 아파트, 토지 등 몇 건 거래해본 사람이라 어느 정도 신뢰할 수 있다고 생각해서 중개사와 함께 분양홍보관 방문해 설명 들어봤단다.

신축 상가인지라 가격은 주변 구축 상가 시세보다 1억 원 정도 더 비쌌지만, 앞으로 2~3년 후 완공 예정이니 당시 부동산 상승 추세대로라면, 그동안 구축 상가 시세가 상승할 테니 완공될 즈음에는 오히려 구축 상가 시세보다 분양가가 더 쌀 것으로 예측했단다.

지나고 나서 결과적으로는 보면 틀린 예측이었지. 그해 하반기 이후 미국의 급격한 금리 인상을 시작으로 전반적인 부동산 경기가 침체 되어 아빠가 분양받은 가격이 여전히 주변 구축 상가 시세보다 1억 원 이상 비싸단다. 아빠라고 늘 완벽하지는 않단다. (-_-;;)

분양받을 때 비록 시행사가 소문 안 좋은 지역주택조합(이하 지주택)이라 해도 그나마 시공회사가 나름 대기업이라서 시공 품질에 신뢰가 갔고, 이미 시공사가 공사 시작했기에 별문제 없을 것으로 생각했단다.

　아빠 혼자 결정할 수는 없어서 엄마와 상의 후 다시 한번 날 잡아 분양홍보관에 가서 추가로 궁금한 것 물어본 후 설명 듣고 엄마의 최종 허락받아 분양계약 했단다.
　엄마와 상의 끝에 너무 부담되지 않게 9.5평 면적의 작은 호실을 고르되, 위치를 아파트 단지 출입구 바로 옆에 붙은 1층으로 지정하여 나름대로 상급 위치를 골랐단다.
　만약 추후 임차인을 못 맞추면 난처할 것이기에 계약 직전에 좀 갈등이 있었는데, 감사하게도 시행사인 지주택 조합에서 입점 상가 수준을 높이기 위해 조합에서 책임지고 대기업 브랜드 프랜차이즈를 직접 선정 계약하여 임차를 100% 맞춰 줄 것이라며, 이를 증명하는 '임대유치 확약서'까지도 써 주었단다.

　조합 말대로라면 아빠로서는 도저히 손해 볼 수가 없는 조건이었지. 7,000만 원만 계약금으로 넣어두면 중도금 대출은 무이자로 알아서 처리되고, 2~3년 후 완공되면 담보대출 받아 잔금 내면 끝이라 생각했지.
　무엇보다도 대기업 시공사가 책임 준공한다 하고, 또 시행사에서 책임지고 좋은 조건으로 대기업 프랜차이즈 임차인 맞춰주기로 확약서까지 써주니 분양가 좀 비싼 거 빼고는 전혀 손해 볼 게 없는 조건이라 생각했단다.

◆ 예상 임대 수익률

구 분	금 액			
분양금액				₩697,000,000 원
예상보증금				₩50,000,000 원
예상 월세				₩2,160,000 원
年수익금				₩25,920,000 원
대출비율	대출 無	대출 40%	대출 50%	대출 60%
대 출 금	無	₩278,800,000	₩348,500,000	₩418,200,000
대출이자(년)		₩9,756,000	₩12,197,500	₩14,637,000
실투자금	₩647,000,000	₩368,200,000	₩298,500,000	₩228,800,000
실수익금	₩25,920,000	₩16,162,000	₩13,722,500	₩11,283,000
수익률	4.01%	4.39%	4.60%	4.93%
기대 수익금 3년	₩77,760,000	₩48,486,000	₩41,167,500	₩33,849,000
5년	₩129,600,000	₩80,810,000	₩68,612,500	₩56,415,000
10년	₩259,200,000	₩161,620,000	₩137,225,000	₩112,830,000

예상 수익률 분석자료

동	호실	건축물면적			대지지분(㎡)
		전용면적(㎡)	공용면적(㎡)	계약면적(㎡)	
		30.63	31.63	62.26	14.17

■ 공급대금 내역

구분	대지가격	건물가격	부가세	총공급금액
금액	269,042,000	427,958,000	42,795,800	739,795,800

신축 상가 분양 계약서

임대 유치에 따른 위임 및 확약서

■ 부동산의 표시
_____호

매도인 _____ 지역주택조합(이하 "갑"이라 한다)와 매수인 _____ (이하 "을"이라 한다)은(는) 위 표시 목적물에 대하여 분양계약을 체결함에 있어 본 상가의 전체적인 전문성 및 활성화를 위하여 임대 유치에 대한 제반사항을 "을"이 "갑"에게 일괄 위임하고 아래의 사항을 이행할 것을 확약함.

■ 위임사항
1. 위 표시 목적물의 임대유치와 관련된 일체의 행위
(임차인 선정, 업종 및 업태의 결정, 기타 임대차 계약조건 결정 등)
2. 위임기간 : 최초계약일 ~ 입점지정일 후 3개월이내

■ 이행 및 확약사항
"을"은 본 목적물의 임대유치와 관련하여 "갑"에게 위임한 상기 사항에 대하여 아래의 기본 임대 조건에 동의함은 물론 임대와 관련한 기타사항에 대하여는 "갑"이 임차인과 체결한 임대차 계약서를 준용할 것임을 확약함.
1. 기본 임대조건

임대 계약기간	임대보증금	월임대료
임대차 개시일로 2년	50,000,000	2,160,000

(단, 임대조건의 변경으로 환산보증금이 증감하는 경우 임대보증금의 월임대료 환산 이율은 지하1층은 연 6%, 지상1층은 연4%, 지상2층은 연5%를 기본 적용 이율로 하며 임대차 체결 시 임대료의 증감이 될 수 있다.)

■ 분양계약자 직영 또는 직접 임대차 계약 시 준수사항
"을"이 임대가 아닌 직영을 할 경우 "갑"에게 이에 대한 확인서류(대리점계약서, 사업자등록증사본, 브랜드 출(입)점 의향서 등)를 예정입주일 1개월 이전에 제출한 후 "갑"의 사전승인을 득하여야 하며, 만일 본 사항을 이행치 않거나 허위로 판명될 경우 본 목적물은 상기 이행 및 확약사항에 의거하여 "갑"이 임대토록 한다. 이에 대한 이의를 제기하지 아니한다.

■ 기타사항
"을"은 아래 명기한 확약일 이후에 제3자와 권리의무승계계약을 체결하고자 할 경우에는 반드시 양수인에게 본 임대 유치에 따른 위임 및 확약서에 대한 내용을 사전고지하고 그 내용을 매매계약서에 특약사항으로 기재하고 권리의무승계계약을 위한 매매계약을 하여야 하며 이를 이행하지 않을 경우 "갑"이 권리의무승계계약에 대하여 동의하지 않아도 일체의 이의를 제기할 수 없다.

※ 첨부 : 인감증명서 1부

2022년 2월 25일

확약자 성 명 : _____
주 소 : _____
주민등록번호 : _____

_____ 지역주택조합 귀중

조합에서 제공한 임대유치 확약서

상가는 사업을 위한 부동산이기에, 앞서 42평 아파트 분양 건에서 설명했듯이 건축물에 대한 부가가치세를 추가로 더 내야 하는데, 사업목적으로 낸 부동산의 부가가치세는 국세청에 조기환급 신청하면 다음 달에 다시 돌려준단다.

그래서 국세청에 부가세 조기환급을 신청하기 위해 기존 영업 중인 아빠의 기술사사무소 외에 부동산 임대업으로 개인사업자를 추가 등록했었지.

중도금 대출 시 부가세까지 포함해서 대출금이 나오는데 이를 국세청에서 아빠에게 환급해 주니, 아빠는 중도금에 대한 부가가치세를 직접 낸 적도 없는데 건건히 국세청에서 환급받으니까 마치 공돈 들어오는 것처럼 느껴져 기분 꽤 좋았었단다. 멍청했지.

2024년
상가 준공 앞두고 대혼란

2022년 2월에 분양받은 상가는 애초 2년 후인 2024년 2월 완공 예정이었는데, 중간에 일부 설계 변경되면서 반년 정도 공사 기간 연장돼 최종적으로 2024년 7월 31일에 준공 승인되었단다.

실거주하려고 아파트 분양받은 사람들은 이사 계획이 어그러져 많은 혼란이 있었겠지만, 아빠는 상가 분양자이기에 준공 늦어지는 게 오히려 유리했지.

왜냐하면, 어차피 중도금 대출 무이자라서 공사 기간 지연돼도 시행사에서 대출이자 알아서 내주는 거고, 그리고 준공되면 이미 지급한 계약금 10% 외 나머지 약 6억 3,000만 원의 잔금 준비가 필요한데, 그 돈을 여유 있게 준비할 수 있는 시간이 더 확보되는 것이었지.

지나고 나서 보면, 결과적으로 대출이 분양가의 80%까지 높게 나와서 여유 있게 잔금 잘 치렀는데, 그때에는 잔금대출이 얼마 나올지 알 수가 없었어.

그래서 안전하게 대비하려고 분양가의 50%만 잔금대출 가능할 것으로 가정했기에, 취·등록세 및 부가세 포함해 약 3억 4,000만 원의 추가자금 현금확보가 필요했단다.

시공회사 현장 직원 중 안전팀장이 아빠가 현대건설 재직할 당시 같이 일했던 후배였기에, 공사 중에 후배의 안내로 상가 내부를 몇 번 둘러볼 수 있었지. 그래도 시공사가 나름 대기업이니 공사는 별문제 없이 잘 진행되었단다.

공사 중 분양 상가 방문 점검

설계변경으로 공사 기간 연장된 것 외에는 문제없이 시간 흘러갔고, 준공을 1개월 앞둔 6월 말이 되었는데, 준공이 코 앞인데도 조합에서는 임대유치에 대한 안내가 아직 없어 좀 의아했단다.

그래서 조합에 전화해 보니 사무장과 통화되었는데 현재 여러 프랜차이즈 브랜드와 입점 협의 중이라 7월 초순에 임대유치 안내 공지 줄 것이라고 답변해서 다시 마음 놓았단다.

결국, 거짓말이었고 조합에 뒤통수를 제대로 맞았지. 역시 지주택은 원수에게나 추천해 주라는 시중의 농담이 괜히 나온 게 아니었단다.

시간이 흘러 7월 10일 되어도 임대유치 관련 안내가 없기에 조합에 다시 전화해 보니 전화 받은 여직원은 본인은 모르는 내용이라며, 어이없게도 사무실 와서 조합장에게 직접 물어보라 답변하더라.

바로 다음 날 그 상가 분양을 소개해 준 공인중개사와 함께 조합 사무실에 찾아갔는데 전에 통화했던 사무장은 그만뒀다 하고, 조합장은 임대유치 확약서를 자기가 써준 게 아니기에 본인은 모르는 내용이라며, 임대유치는 각 분양자가 알아서 해결하라고 억지 부렸단다.

조합장은 임대 유치해 줄 수 없으니 고소하던 고발을 하든 마음대로 하라며 억지 부리고 있었단다.

아빠가 계약 당시 작성한 임대유치 확약서를 들이밀자, 계약 당시 전 조합장은 바뀌어 본인이 4번째 조합장이라며, 본인은 모르는 내용이라는 것이었다.

전 조합장이 작성한 임대유치 확약서에 대해서는 본인이 책임질 수 없으니 억울하면 고소하든 고발하든 알아서 하라며 아주 당당하게 억지를 부리고 있었지.

아빠가 조합이라는 시행사와 계약한 것이지 조합장 개인과 계약 맺은 게 아닌데 왜 말도 안 되는 억지 부리냐고 따져봐도 돌아오는 답변, 고소하든 고발하든 알아서 하라는 억지스러운 말들뿐이었단다.

아빠가 신축건물 분양받아 본 경험이 아파트 2채에 이어 이번이 3번째인데, 이렇게 안내도 없고 답변도 불성실하고 계약서와 확약서도 멋대로 무시하는 경우는 처음 겪어보았단다.

같이 간 중개사도 조합장의 억지스러운 말에 혀를 내두르며 어이없어하고 결국 아무 소득 없이 빈손으로 나왔단다.

서민아, 투자는 결국 모든 게 본인 책임이다. 좋은 결과가 있을 때는 여기저기 주변 사람들이 자기 덕분이라고 주장하는 사람들이 많지만, 문제가 생기면 모두 투자는 본인 책임이라며 손절한단다.

그렇기에 투자할 때는 순수하게 여유자금으로 해야만 한다. 최악의 상황이 닥쳐도 내가 감당할 수 있는 범위 내에서만 투자해야 하지.

다행히 이번 상가 투자는 잔금대출 받으면 아빠가 감당할 수 있는 범위였고, 주변이 사람들 많이 다니는 학원가였기에 아빠가 직접 임대유치 알아본다 해도 쉬이 임차인을 맞출 수 있을 것으로 생각했단다.

또한, 계약 전부터 상가 투자에 대해서는 워낙 흉흉한 소문들을 많이 들어서, 혹여나 최악의 경우 임차인 못 맞추는 문제가 생기지 않을까도 미리 생각 좀 했었단다.

임차인 못 맞추면 대출이자와 관리비를 매달 아빠 돈으로 내야 하는데, 아빠는 월 소득이 충분해서 최악의 상황에서 공실로 방치되어도 감당 가능하다고 마음의 준비를 해두었었지.

그렇기에 조합장이 임대유치 확약서를 발뺌하며 우겨도 크게 당황하지 않고 나름 차분히 대응할 수 있었고 그 결과, 아주 만족스러울 정도는 아니지만 나름대로 좋은 성과가 있었단다. 그 성과는 바로 엄마의 카페 직영 운영이었지.

조합장의 억지에 대한 아빠의 대응 및 엄마의 카페 직영 운영 내용은 차차 뒷장에 다루기로 하고, 이후 처리 경과만 간략히 요약하자면 7월 31일 사용승인검사 결과 준공 승인되었고, 그 후에도 2개월 넘게 잔여 공사 더하다가 9월 말에서야 겨우 보존등기 완료되어 상가 소유권을 넘겨받을 수 있었단다.

아빠가 건설업에 종사하다 보니 딱 보면 아는데, 이 공사는 도저히 7월 말에 준공 불가능했을 정도로 미 완료된 부분이 많았었지. 그렇기에 7월 말에 준공 승인되고도 여기저기 잔여 공사 계속 했던 거고 결국 9월 말 되어서야 보존등기까지 완료된 것이었지.

시행사인 조합의 사유로 보존등기가 지연된 것이기에 그때까지는 조합에서 대출이자를 모두 내주었으므로 아빠는 손해 본 건

없었단다. 보존등기가 늦게 처리되니 빨리 잔금 처리 마무리 짓고 털어버리고 싶어도 은행 담보대출도 늦어져 잔금이 지연되는 게 좀 답답했을 뿐이었단다.

은행이 잔금을 대출해 주려면 완성된 건축물이 대법원에 등기되어 등기사항전부증명서(등기부등본)가 발급되어야만, 은행에서 해당 건물에 근저당권을 설정하고 돈을 빌려줄 수 있는 거지.
그런데 조합에서 자금이 부족하다고 보존등기 신청 비용을 내지 못해 한없이 지체되다가 9월 말에야 보존등기 되었고, 그때가 마침 연휴라서 휴일 지나 10월 2일에 은행에 대출 신청했단다.
며칠 더 지나 10월 7일에 대출 실행되어 잔금 내고 상가 열쇠 즉, 소유권을 넘겨받아 지긋지긋한 상가 잔금을 마무리할 수 있었지.

그 와중에 속 터지는 일이 또 있었는데, 중도금 대출해 준 다른 은행에서는 준공된 7월 말일 이후로는 조합에서 이자 안 주고 있다며, 8월 1일부터는 8%의 고금리로 각 분양자에게 대출이자를 청구하겠다고 협박성 공지를 보내왔단다.
결과적으로 아빠는 8%의 고금리 이자를 내기 싫어, 가지고 있던 여유자금으로 먼저 중도금 완납해 버렸고 잔금 치를 때 보존등기 늦어진 2개월간의 중도금 대출이자만큼 약 370만 원을 보상금으로 조합에서 받아내었단다.

준공된 7월 말부터 잔금 치를 때까지 그 2개월 동안은 참으로 혼란의 시간이었지. 당연히 시행사인 조합은 뭐 하나 제대로 안내나 공지 없었고 전화 통화도 안 받고 사무실 찾아가도 조합장은 안 보이며 여직원들은 잘 모른다고 조합장에게 직접 물어보라며 회피했지.

중도금 대출 상환 독촉장

대응 조치 1
- 언론사 제보

조합장의 황당한 억지 주장에 어이가 없었지만, 그 자리에서 계속 말해봐야 같은 말만 계속할 터이니, 스마트폰으로 대화 녹취 후 일단 조합 사무실을 나왔다.

귀가 후 조합장을 사기죄로 고소할까도 생각했었는데 법적인 방법은 가장 마지막에 써야 할 최후의 보루이기에 이내 마음의 평정을 되찾고 현실적인 대응 방법을 찬찬히 생각해 보았단다.

계약 당시 작성된 임대유치 확약서와 조합장, 사무장, 분양 대행 직원의 녹취 기록 등 많은 증거가 있으니 고소한다면 승소할 자신은 있지만, 경찰서 조사와 법원 재판 등 여기저기 불려 다녀야 할 테니 번거로워질 것이 뻔했기 때문이지.

또 승소한다 쳐도 조합장이 계속 대책 없이 돈이 없어서 보상 못 해준다고 억지 부리면, 결국에는 아빠의 금전 손실을 어찌 보상받기가 어려울 것으로 생각했단다.

그래서 고소 등 법적 수단은 정말 최후의 응징 수단으로 일단 보류했고 즉각 효과 얻을 수 있는 다른 방법들을 찾아보았단다.
 첫 번째로 떠오른 방법은 임대유치 확약에 대한 계약조건 미이행 사건을 여러 언론사에 제보해, 방송으로 내보내 시끄럽게 만들어보고자 했단다.

 조합장 만나고 온 그날, 지난 경과를 요약정리해 여러 언론사에 긴급 제보 넣었지. KBS, MBC, SBS 등 공중파는 물론 YTN, JTBC, MBN 등 케이블방송의 유력 뉴스 프로그램에도 빠짐없이 온라인 제보했단다. 그러나 그 많은 언론사 중 단 한 군데도 응답 없었지. 이 정도 사건은 뉴스거리도 안 된다는 의미인 것 같구나.
 아마도 상업시설인 상가 분양은 생계에 별 지장 없는 사람들의 투자 대상이다 보니, 공공성 측면에서 뉴스에 내보내기에는 그다지 흥미로운 소재가 아니었나 보다.
 언론의 힘을 빌리는 것은 꽤 자극적인 소재를 제보하거나, 아니면 고위층에 인맥 연줄이 있지 않은 이상은 기대하기 힘들다고 판단해 뉴스 방송은 포기하고 다른 방법을 알아봤단다.

KBS에 ○○신도시에서 지역주택조합의 상가 분양사기 관련 긴급 제보 드립니다. 선량한 수분양자의 억울함을, 부디 KBS에서 공정하게 보도해주기를 간곡히 부탁드립니다.

- 대상 : ○○○○○ 지역주택조합
- 내용 : 주상복합 상가 분양 사기 (조합 측의 일방적인 계약사항 미이행으로 인한, 상가 수분양자 다수의 금전 피해 우려)
- 세부 개요는 아래와 같으며, 구체적인 진행 경과 및 각종 증거(녹취기록 등) 자료 첨부해 드리오니, KBS의 공정한 보도 부탁드립니다.

〈분양사기(조합의 계약서 미이행)로 인한 피해우려 긴급민원 (제보)〉
- 본인은 ○○○○ 지역주택조합과 ○○○아파트 상가공급계약을 체결한 수분양자입니다.
- 현재 ○○○아파트 상가는 금년 8월 1일부 잔금 납부 및 입점 예상으로, 수분양자가 잔금 납부를 위해서는 계약 당시 체결된 계약서류에 의거, 임대 유치를 조합에서 전면 위임받아 임대보증금 50,000,000원, 월 임대료 2,160,000원에 임차인 유치를 확약하였습니다. (계약서 작성 시 확약서 작성하여 계약서류에 포함 편철 제공)
- 그런데 잔금 납부가 채 1개월도 남지 않은 지금에 이르러서야, ○○○○ 지역주택조합(조합장 000)은 계약서(임대 유치에 따른 위임 및 확약서)를 이행하지 않겠다고 일방통보하여, 본인과 같은 여러 상가 수 분양자는 임대보증금 미확보 및 예정된 월 임대료 수급 곤란으로 많은 금전 피해가 우려되는 실정입니다.
- 본문 및 세부 내용, 증거 자료를 첨부하였으니 참조하시기 바랍니다.
- 첨부파일 업로드 가능한 형식, 수량이 제한되어, 녹취자료 등 다수의 증거 자료가 첨부 불가합니다. 별도 연락하시면 메일 등으로 추가 제출 드리겠습니다.

주요 언론사 피해 제보 내용

대응 조치 2
- 공인중개사협회 활용

두 번째 방법은 상가 분양을 추천해 준 공인중개사를 깊숙이 끌어들여, 각 개인으로 대응하기보다는 공신력 있는 공인중개사협회를 통해 조합과 협상해 보려 했단다.

아빠에게 그 상가를 소개해 준 중개사만도 아빠 외에 여럿에게 분양 소개해 주었기에 본인도 매우 난처한 처지였고, 그 외에도 인근에 있는 여러 중개사도 분양에 얽힌 사람들이 많아서 지역 공인중개사 여럿이 분양자들에게 원망과 욕을 먹고 있었지.

아파트든 상가든, 엄청 좋은 입지에 유명한 대기업이 직접 주관하는 분양이 아닌 이상에는 분양이 힘들 것이기에 분양대행사는 지역 공인중개사들에게 대신 홍보를 의뢰하며, 사람 데려와 계약에 성공하면 일정 금액을 중개사에게 소개비 형식으로 지급하는데, 상가 분양은 계약이 성사되면 건당 500~1,000만 원 정도의 꽤 큰 돈을 준단다.

그 소개비가 모두 분양가에 녹아 있기에 신축 상가는 주변 상가

보다 시세가 높을 수밖에 없는 구조이지. 어차피 계약자가 내는 돈에 소개비가 포함된 구조이니 시행사나 분양대행사에서는 전혀 손해 볼 게 없는 것이란다.

지역의 여러 공인중개사가 분양대행사로부터 많은 돈을 소개비로 받아 간 것을 잘 아는데, 계약조건인 임대유치 확약을 미이행하고 있으니 지역 공인중개사들도 가시방석 앉은 것처럼 눈치 보고 있었단다.

아빠가 공인중개사에게 분양자 개개인이 알아서 하라고 구경하지만 말고, 지역 공인중개사협회 차원에서 적극적으로 대응해 달라고 여러 번 요청했지. 마침 그 중개사가 지역 공인중개사협회 사무국장 직책을 맡고 있었기에 이를 관철할 수 있었단다

본격적으로 지역 공인중개사협회가 시행사인 조합을 상대로 계약조건 미이행에 대해 항의했는데, 조합으로서는 지역 공인중개사들과 관계 틀어지면 남아있는 미분양 매물 처리에 지장 있을 것을 우려했는지, 얼마 전에 그만두었다던 사무장을 다시 데려왔단다. 알고 보니 그 사무장은 스스로 그만둔 게 아니라 준공 앞두고 더는 쓸모없다고 생각했는지 조합장이 해고한 거였단다.

그 사무장은 인근 지역에서 오랫동안 영업해 온 공인중개사 출신이라, 사무장을 통하면 주변 공인중개사에게 큰 반감 없이 적당히 무마시킬 수 있다고 생각했던 것 같구나.

그래서인지, 사무장 복직 후 공인중개사협회와 미팅이 있었는데, 공인중개사협회에서는 계약 미이행으로 문제가 될 수 있으니 적절한 대책을 세워달라는 정도의, 어찌 말하면 협회 체면치레하는 정도로만 형식적으로 임했고, 이후에도 공인중개사협회에서는 별다른 성과 없이 흐지부지되었단다.

아빠는 주기적으로 공인중개사에게 협회 대응 경과를 물었는데, 단 한 번의 미팅 외에는 '계속 협의하고 있다'라거나 '다음 회의 일정을 논의 중이다'라는 답변 외에는 들을 수 있는 게 없었단다.

그래도 공인중개사협회를 끌어들여서 얻은 성과가 딱 한 가지 있었는데, 억지스럽고 대화 안 통하는 조합장은 한 발 뒤로 물러나고 그나마 상식적이고 말 통하는 지역 공인중개사 출신의 사무장이 협상 대상자로 돌아왔다는 것이지.

뒤에 설명하겠지만 그래도 그나마 대화 통하는 사무장과 협상하여, 10월 7일에 어찌어찌 소유권 이전받으면서 중도금 대출이자에 대한 약 370만 원의 보상금도 받아낼 수 있었단다.

그 사무장은 아빠와 잔금 처리 후 며칠 지나서 들리는 소식이, 업무 중 갑작스레 뇌졸중으로 쓰러져 중환자실에서 사경을 헤매고 있다고 하더라. 아마도 많은 분양자의 항의와 민원 때문에 큰 스트레스를 받았던 것 같구나.

사랑하는 가족과 행복하게 살려고 돈 버는 것인데, 그 돈을 벌자고 스트레스 잔뜩 쌓이고 병들어 몸져눕게 되었으니, 사람의 앞날은 정말 언제 어찌 될지 모르는 것이라는 것을 새삼 다시 느꼈단다.

미래의 삶도 중요하지만, 우선 현재의 삶에서도 스트레스받지 않고 행복하고 건강하게 지내는 것도 매우 중요하단다. 건강이 최우선이지. 병들어 죽고 나면 아무것도 의미가 없단다.

공인중개사협회와 임대유치 확약 미이행 관련 회의록

대응 조치 3
- 국민신문고 민원투서

아빠의 마지막 대응은 인허가기관을 상대로 공식 민원 제기하는 것이었단다. 관련 규정에 따르면 국민신문고를 통해 공식 민원이 제기된 경우, 지정된 공무원은 반드시 조치 결과를 회신해 주어야 한단다.

그래서 언론사에 제보했던 내용을 그대로 국민신문고에 공식 민원 투서했단다. 조합장이 개별 분양자의 말은 무시하며 억지 부릴 수 있겠지만, 법적 감독 권한을 지닌 인허가기관에는 절대 그럴 수 없을 것으로 생각했지.

인허가 공무원에게도 그렇게 억지 부리다가는 뻔히 준공검사에서 지적되어 제때 사용승인 못 받을 터이니, 담당 공무원이 아빠를 대신해 조합에 압력 가해주기를 기대한 것이었단다.

신청번호	1AA-2407-	접수번호	2AA-2407-
신청경로	국민신문고 Web	기관메뉴/접수경로	
민원발생지역			
진행상황통지방식	전자우편, 누리집(홈페이지), 휴대전화	민원답변통지방식	전자우편, 누리집(홈페이지)
신청일시	2024-07-16 17:08:00	접수일시	2024-07-22 18:38:09
민원제목	분양 사기(계약서 미이행) 피해우려 긴급민원		
<첨부파일>	(민원 개요)		

인허가기관 민원 접수내역

분양사기(조합의 계약서 미이행)로 인한 피해 우려 긴급민원

1. 서론 (민원 개요)
- 본인은 ○○○○지구 지역주택조합과 ○○○아파트 상가공급계약을 체결한 수분양자입니다.
- 현재 ○○○ 상가는 금년 8월 1일부 잔금납부 및 입점 예상으로, 수분양자가 잔금납부를 위해서는 계약 당시 체결된 계약서류에 의거, 임대 유치를 조합에서 전면 위임받아 임대보증금 50,000,000원, 월 임대료 2,160,000원에 임차인 유치를 확약하였습니다.
- 그런데 잔금납부를 채 1개월도 남지 않은 지금에 이르러서야, ○○○○ 지역주택조합(조합장 ○○○)은 계약서류(임대 유치에 따른 위임 및 확약서)를 이행하지 않겠다고 일방통보하여 본인과 같은 여러 상가 수분양자는 많은 금전피해가 우려되는 실정입니다.
- 이에, ○○○아파트의 사용승인(준공) 권한이 있는 인허가기관에서, ○○○ 지역주택조합이 계약서류를 준수이행하여 본인과 같은 선의의 피해자가 발생되지 않도록
- 사실관계 확인점검 후 ○○○○ 지역주택조합의 계약서류(임대 유치에 따른 위임 및 확약서) 이행되기 전까지 ○○○아파트의 사용승인을 유보(보류) 조치해 주실 것을 요청드립니다

일자	내용	비고 (관련증빙)
24.07.04	- 7월 말 준공 예정 안내 후 별도 안내 없었으며, 계약서 제11조 [입점절차]에 의하면 조합은 입점지정 개시일로부터 1개월 전에 수 분양자에게 통보해야 함에도, 전혀 입점안내가 없음 - 이에 조합 사무실로 전화문의 결과, 임대 유치 확약서에 대한 내용을 인지하고 있으며, 현재 임대 유치와 잔금대출이 진행되도록 관계기관 협의 중이므로, 차주 중에는 안내문 발송 예정이라는 설명 들음	증거3. (통화 녹음)
24.07.15	- 기존 통화내용 번복하여, 임대 유치 확약서에 대해서는 조합에서는 모르는 내용(확인되지 않은 내용)이라서, 안내가 가능할지는 잘 모른다는 답변 들음	증거4. (통화 녹음)
	- 분양 당시 설명 및 계약서, 확약서 작성 담당자 전화통화 - 분명 조합장의 지시를 받아서, 임대 유치 확약서를 계약서에 포함해 작성했다는 답변	증거4. (통화 녹음)
24.07.16	- 조합 직접 방문하여 조합장 면담 (분양당시 공인중개사 외 1인 배석) - 조합장은 임대 유치 확약서 내용을 알고 있지만, 분양대행사 직원이 조합장 승인 없이 임의 작성한 것으로, 조합에서 직접 작성한 것이 아니므로 무효라고 주장 - 즉, 계약 당시 확약한 임대 보증금 및 월 임대료에 대해서 약속 이행할 의사가 없음을 분명하게 답변 (고소, 고발 등 법적 조치 하라는 다수 발언)	증거5. (관계자 명함)

2) 핵심 쟁점
  (1) 조합장 주장
    - 조합장(○○○)은 확약서에 대해, 조합이 직접 작성하지 않고 분양대행사가 작성한 것이라 인정할 수 없고, 따라서 절대 이행할 의사 없음을 주장.

(2) 수 분양자 의견
- 우선 견본주택 내 근무하는 직원이 분양대행사라는 것은 전혀 알지 못하는 사실임. 계약 담당 직원은 명백히 견본주택 내에서 근무 중이었으며, 제공받은 명함에도 'OOO아파트 상업시설 본부장 OOO'이라고 표기되어 있으며, 분양 안내 및 설명, 계약 중에 단 한 번도 분양대행사 소속이라는 안내를 들은 바 없음
- 또한, 조합장 주장대로 '확약서'가 분양대행사가 작성하여 효력이 없는 문서라면, '계약서' 역시도 동일한 사람이 자필 작성한 문서로서 그 효력이 인정되지 않아야 하고, 그러므로 본 계약 자체가 조합과는 관계없는 원천무효의 계약으로 봐야 될 것임.

〈계약서와 확약서 작성자가 동일인이라는 증거 - 필적 대조〉

계약서	확약서
A동 A-119호 계약면적(㎡) 62.26　대지지분(㎡) 14.17	니에 따른 위임 및 확약서 송도동 20-4번지 외 7필지 스퀘어 A 동 A-119호

- 위 증거 외에도, 계약 당시 공인중개사와 본인의 배우자도 동석하고 있었기에 이를 입증할 수 있는 증인도 다수임.

3. 결론 (민원 요청사항)
- 저는 반평생 열심히 직장생활 하면서 월급을 아끼고 아껴, 난생처음으로 노후를 위한 수익형 부동산을 마련하고자 했습니다.
- 그런데 OOOO 지역주택조합(조합장 OOO)은 잔금납부를 채 1개월도 남지 않은 지금에 이르러서야, 계약서류(임대 유치에 따른 위임 및 확약서)를 이행하지 않겠다고 억지 주장하여 본인과 같은 여러 수 분양자가 잔금 비용을 마련하지 못해, 다수의 선량한 시민들이 중도금 대출 이자체불 등의 금전피해 발생이 우려되는 상황입니다.
- 이에, 인허가기관에서는 OOOO 지역주택조합이 계약서류를 준수 이행하여 선량한 시민이 피해가 발생되지 않도록,
- 사실관계 확인 후 계약서류(임대 유치에 따른 위임 및 확약서) 이행되기까지 OOO아파트의 사용승인(준공)을 유보(보류)해 주실 것을 간곡히 요청합니다.

인허가기관에 계약 미이행 민원 내용

그래서 아빠는 조합의 계약사항 미이행으로 상가 분양자에게 큰 피해 우려되니 이 문제에 대해 조합에서 합리적인 보상대책을 제시하기 전까지는 준공 승인을 유보해 달라는 내용으로 인허가기관에 민원 넣었지.

솔직히 당시 아빠 생각은 구태여 이런 민원이 아니더라도 공사가 많이 미 완료되었기에 어차피 7월 말 준공은 어려울 것이라 예상해서, 인허가기관이 준공검사 시 민원사항까지 사유로 포함해 준공 불합격 줄 것을 기대했었단다.

그런데 어이없게도 7월 31일에 즉시 준공검사가 통과되어 사용승인 내려졌지. 참으로 어이없었단다. 아직도 미 완료된 공사가 수두룩한데 준공검사가 통과되다니?

비록 준공 유보라는 아빠의 목적은 달성되지 못했지만, 담당 공무원은 국민신문고에 조치 결과를 회신해 주어야 하니, 조합에 민원내용을 통지하며 기한 내 해결대책 보고하라고 명령 내렸고, 이에 따라 조합에서는 엄청 피곤하게 되었단다.

공문이라는 건 공식 문서를 뜻하는데 이 문서에는 담당자는 물론 책임자까지 결재해야 하며, 공문 발송 시 고유한 문서번호가 생성되고 전산으로 기록이 전부 남기에, 한번 발송된 공문은 거의 수정이나 삭제가 어렵단다.

그러니 인허가기관에서는 공문으로 명령내린 '임대유치 확약 미이행' 민원에 대해 계속 조치 경과를 확인할 수밖에 없고, 조합에서는 이를 처리하지 않으면 처벌될 수도 있기에 매우 곤혹스러운 상황이 되어버린 것이지.

━━━━━━━━━━━━━━━━━━━━━━━━━━━━━━

청

수신   ▨▨▨▨-지역주택조합
(경유)
제목 국민신문고 민원접수에 따른 업무 보고 요구(▨▨▨▨ 지역주택조합)

1. 귀조합의 무궁한 발전을 기원합니다.
2. 귀조합의 ▨▨▨▨▨▨▨▨▨으로부터 붙임과 같은 민원 사항이 접수되어 「주택법」 제93조제1항(보고·검사 등)에 따라 민원사항에 대한 사실관계 및 이행여부, 향후처리계획 등에 대하여 보고하여 줄것을 요구하오니 2024. 8. 2.(금)까지 보고(자료제출 포함)하여 주시기 바랍니다.
3. 만약, 상기 요구사항을 소홀히 할 경우 같은법 제93조제1항에 따라 관계공무원으로 하여금 사업장에 출입하여 필요한 검사를 하게 할 수 있으며, 주택법을 위반한 사항이 발견될 경우 같은법 제14조제4항(주택조합에 대한 감독 등)에 따라 시정요구 등 필요한 조치를 명령할 수 있고, 이러한 행정명령이 시정되지 않고 지속될 시에는 같은법 제104조(벌칙) 제4의2 규정에 따라 고발조치될 수 있다는 점 유념하시어 불이익 처분 받지 않도록 하시기 바랍니다.

붙임 1. 민원주요내용 1부.
      2. 민원내용 등(첨부파일 메일 별도 송부) 각 1부. 끝.

☐ **민원주요내용**
○ 민원인은 조합주택의 상가공급계약 체결시 조합과 임대 유치에 따른 위임 및 확약서를 작성하였으며, 위 내용은 입점지정일 3개월 이내에 조합이 임차인을 유치하여 민원인과 계약을 체결할 수 있게 확약한다는 내용으로 사료됨. 그러나, 잔금납부 1개월도 남지 않은 시점에서 조합은 위 계약서류를 이행을 못하겠다고 하고 있어 해당 조합주택의 상가 수분양자들에게 금전적인 피해가 예상므로 관할관청에서 해당 내용에 대한 사실 확인 후 위 계약서가 이행이 될 때까지 준공을 유예해줄 것을 요청함.

인허가기관이 조합에 발송한 공문 - 1차

역시나 조합에서는 임대유치 확약 미이행에 대해 공무원에게 대책을 보고하지 못했고, 인허가기관은 임대유치 확약 이행에 대한 처리계획을 다시 보고하라고 재차 독촉 공문을 발송했단다.

> 청
>
> 수신 ▨▨▨▨-지역주택조합
> (경유)
> 제목 국민신문고 민원 관련 보고 요구(2차) 【▨▨▨▨ 지역주택조합】
>
> 1. 도시건축과-▨▨(2024. 7. 30.)호 및 ▨▨▨▨ 지역주택조합 24-(▨▨)(2024. 8. 2.)호와 관련입니다.
>
> 2. 위호와 관련하여 귀조합이 제출한 의견에 아래와 같이 미흡한 점이 있어 민원사항에 대한 사실·위반여부 등의 검토·확인이 어려워 주택법 제93조제1항에 따라 다시 답변(보고)해 줄것을 요구하오니 2024. 8. 12.(월)까지 답변(보고)하여 주시기 바랍니다.
>
> 3. 만약, 요구한 기한 내 보고하지 않거나 보고의 내용 및 자료가 허위 또는 미흡하다고 판단될 경우 주택법 제93조제1항 내지 제2항에 따라 귀 조합에 출입하여 필요한 검사를 시행할 수 있고 그 결과에 따라 사법조치 될 수 있음을 알려드립니다.
>
> (미흡한 사항)
>
> 가.
>
> 마. 상가 공급계약 체결 관련 민원이 주장하는 내용 : 상가공급계약 체결 시 상가임대 유치를 조합측에 위임하는 확약서를 작성하였고, 입점지정일 3개월 이내에 조합측이 임차인을 유치해서 민원인(상가입점예정자)과 계약을 체결할 수 있게 하는 것으로 이해하고 있었으나, 잔금 납부 1개월도 남지 않은 시점에서 조합측이 일장적으로 계약이행을 못하겠다고 함. 끝.

인허가기관이 조합에 발송한 공문 - 2차

대응 조치 결과

　인허가기관 공무원이 해결책을 계속 독촉하다 보니 조합에서는 입장이 매우 난처했는지, 그렇게 전화를 걸어도 통화하기 힘들었던 조합 사무장이 8월 14일에 아빠에게 먼저 전화 걸어와 용서 구하며 민원 취하해 달라고 간청했단다.

　임대유치 확약을 이행하고자 여러 프랜차이즈 본사와 협의 진행은 해봤으나 심각한 경기 불황으로 임대유치 확약 이행은 어려울 것 같다며 정식으로 사과했고, 부족하나마 이에 대해 보상금 지급하고자 조합 이사회에 안건 상정하는 중이라며 이해해 달라고 부탁했단다.

　어차피 아빠 생각에도 조합의 수준 봐서는 도저히 임대 유치해주기를 기대할 수 없다고 판단했고, 마침 그때는 상가를 엄마가 직접 카페를 운영해 보겠다고 결정한 상태였단다.

　아빠가 먼저 민원 취하해주겠다고 하면 보상금 안 주려 할까 봐 우선 이를 숨긴 채, 결국 조합에서 임차인을 맞춰주지 못한다면 계속 공실로 비워둘 수는 없는 노릇이니, 내가 직접 임차인 맞추거나 직영 입점해도 상관없느냐고 되물었지.

사무장은 화색을 띠며 직접 임차인을 맞추거나 직영 입점하는 것은 오히려 환영한다며 어떤 업종이든 상관없으며 전혀 문제없다고 답변했단다.

아빠와 엄마는 이미 카페 직영 운영을 결정했었고 조합의 입점 동의도 받아 두었으니 더는 상가 문제로 불필요한 에너지 낭비하기 싫어, 인허가 공무원에게 메일 보내 책임지고 보상 추진되도록 추적 확인해 주는 조건으로 민원 취하했단다.

보낸 사람 : "박춘성" <isakoo@hanmail.net>
받는 사람 : "000" <000000@korea.kr>
받은날짜 : 2024년 8월 14일(수) 13:37:28 (GMT +09:00)
제목 : [민원 취하 예정] 향후 추진계획 문의

제가 답장 드린 민원 및 메일 내용 보셔서 이해하시겠지만, 제 입장에서는 엉뚱한 문서번호의 공문들을 제공주셨기에 이렇게 의심과 오해를 할 수밖에 없던 상황이었습니다.

하지만 담당 공무원님께서 해당 내용에 대해 사과 주시고, 향후 민원 해소를 위해 적극 노력 주시겠다고 메일 주시니, 아래 문의사항에 대해서 회신 및 향후 추진경과 안내(공유) 주실 것을 약속 주시면, 더 이상 담당자님이 곤란하지 않도록 민원 취하하도록 하겠습니다.

1. 현재 2차 공문으로 답변요구한 8/12까지 조합의 회신 없는 것으로 보이는바, 인허가기관으로서 향후 조치 일정계획 문의.

2. 최대 늦어도 금월 말일 이전까지 민원내용 진위여부 확인 및 방문조사 등 필요한 조치를 완료 후, 최종적인 처리결과를 본인에게 공유 요청 (개별 메일이든, 정식 국민신문고 회신이든…)

위 2가지 요청사항에 회신 주시면 감사하겠습니다.

----------------------답변 메일----------------------

1. 우선, 조합으로부터 회신사항이 오지 않아 8.14. 조합에 방문하였으며 이에 대하여 조합 측으로부터 각 민원사항에 대한 진행상황에 대하여 간략하게 보고를 들었으나, 각 민원사항별 조치계획은 조합 대출문제 등 내부문제 해소가 필요하여 일부검토가 지연되어 8월 19일까지 보고하겠다고 답변(시행문)을 받고 귀청하였습니다.
선생님의 민원사항에 대하여 민원내용을 면밀히 검토하여 해결될 수 있도록 현장에서 얘기하고 왔음을 알려드립니다. 이에 대한 보고 시 민원 내용 검토 후 금주 내에 답변 회신드릴 수 있도록 하겠습니다.

2. 넵 알겠습니다.

인허가기관에 민원 취하 및 담당 공무원의 답변 메일

이번 장에서 서민이에게 꼭 들려주고 싶은 핵심은, 살면서 이런 저런 억울한 일을 겪게 되면 국민신문고 등의 관공서 민원 제도를 적극적으로 활용하라는 것이란다.

만약 공무원의 조치가 부족하다고 생각되면 재차 추가 민원 제기하고 민원과 관련된 '정보공개 청구' 제도를 이용해 수발신 공문 등 증빙 자료를 입수할 수도 있단다.

이런 자료들은 나중에 최악의 경우, 고소 고발까지 진행되었을 때는 공식 증거로서 큰 위력을 발휘할 수 있지.

그리고 한 가지 더 들려주자면, 살면서 꼭 기록하는 습관을 몸에 들이기를 바란다.

아빠가 쓴 글 보면 알겠지만, 대부분 정확한 날짜까지 표기되어 있을 텐데 이는 아빠 머리의 기억력 덕분이 아니라, 아빠 손가락의 기록력 덕분이란다.

기억은 절대로 기록을 이기지 못하는 법이지.

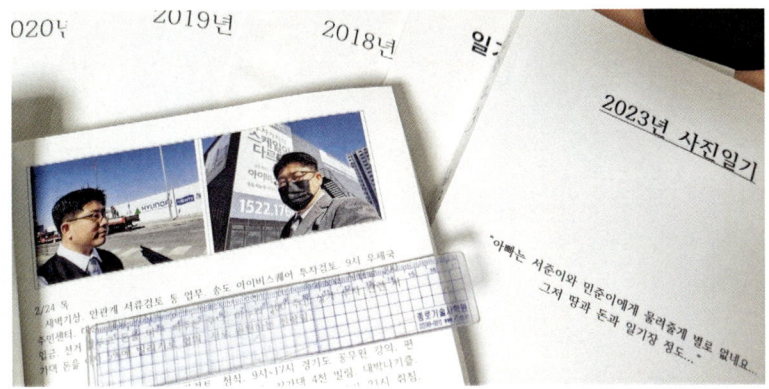

아빠가 매일 기록한 일기장들

상가 잔금 내고 카페 입점

2024년 7월 31일에 준공 승인되었지만, 조합의 보존등기 처리가 늦어져 결국 10월 넘어서야 상가 잔금 내고 소유권을 이전받았단다. 은행이 상가 담보로 돈을 빌려주려면 우선 시행사인 조합에서 대법원 등기소에 준공된 전체 건축물을 보존등기 해야지만 은행에서 근저당권을 설정하고 대출해 줄 수 있는 것인데, 조합이 자금 부족으로 2개월이나 늦게 처리된 것이란다.

엄마와 상가 열쇠 인수 기념사진

비록 보존등기 지연된 2개월에 대한 중도금 대출이자만큼 약 370만 원 보상금 받아내기는 했지만, 상가 입점이 2개월 지연되어 그만큼의 임대수익 432만 원(월 차임 216만 원으로 가정)도 손해 본 것이기에, 이에 대한 보상도 요구했으나 더는 말이 통하지 않았단다.

상가 문제로 계속 스트레스받는 게 정신건강에 안 좋아 더는 신경 안 쓰기로 하고, 10월 7일 은행 대출받아 잔금 치르고 상가 열쇠와 소유권 넘겨받고 마무리 지었지.

아빠는 늘 3년 앞까지 예측한 금융계획을 엑셀(XLS) 프로그램으로 예산표 만들어놓고 돈 관리 하는데, 애초에 상가 잔금대출은 분양가의 50% 정도만 가능할 것이라고 상당히 보수적으로 예산계획을 세웠었단다.

아빠가 2022년에 매입한 제주 법인사옥도 분양 상가와 같은 용도인 근린생활시설인데, 제주 법인사옥은 감정가의 50%만 담보대출 가능했던 경험 때문이지.

그런데 2024년 10월 상가 잔금대출은 분양가의 80%까지 대출해준다더라. 게다가 금리도 4%로서, 제주 법인사옥 및 실거주 아파트 담보대출 등의 기존 5%대 대출보다 1% 이상 저렴했단다.

대출이 예상외로 많이 나오게 된 이유를 아빠 나름대로 분석해 봤는데, 그 시기에 슬슬 전세가 상승하여 매매가와 갭(Gap)이 줄어드는 시기여서 다시 여기저기 갭투자가 성행하기 시작했단다.

그래서 정부에서 갭투자 확산으로 인한 급격한 집값 상승을 두려워해 금융감독원에서 직접 나서서 주택담보대출을 매우 강력하게 규제했었지.

은행은 돈 빌려주고 이자 받는 예대차익으로 돈 버는 곳인데 주택담보대출 규제가 심해지니 어쩔 수 없이 상가나 토지 등 규제가 덜한 사업자금 대출을 최대한 많이 해주며 예대차익 손실을 메꾸려 했던 것 같구나.

금리 낮아진 이유도 추정해 보면 2022년부터 인플레이션 방어를 위해 미국에서 더는 대출받지 못하도록 금리를 급격히 올렸는데, 한 2년 지나 어느 정도 인플레이션이 안정되었다고 판단했는지 미국이 그제야 금리를 단계별로 낮추고 있던 시기였단다.

그러니 미국의 금리 하향에 맞춰 우리나라도 기준금리를 단계별로 계속 낮추고 있던 시기였지.

아빠는 금융계획 세울 때 상가 잔금대출은 분양가의 최대 50%인 3억 5,000만 원 정도만 나올 것으로 예측해 나머지 부족한 돈 수억 원을 미리 현금으로 모아두었는데, 막상 잔금대출 때 예상치 못하게 분양가의 80%인 5억 5,000만 원까지 나온다고 하고, 금리도 기존 대출보다 1% 이상 더 낮으니 상식적으로 가능한 범위 내 최대한 대출 받는 게 훨씬 유리했단다.

애초 계획했던 예산보다 2억 원의 큰돈이 추가 확보된 것인데,

이 돈으로 금리가 더 높은 다른 대출을 먼저 조기상환 할까도 생각해 보았지만, 결과적으로 그 돈으로 상가에다 엄마에게 카페 한 채 차려주었단다.

잔금대출 나오기 전에 약 2개월간 공인중개사를 통하여 임차인 맞춰보려 여러 방면으로 임대 홍보해 봤는데, 그간 단 한 건도 임대 문의 연락이 없었던 영향도 컸지.

2022년까지만 해도 전국적으로 부동산 호황기였는데, 여기 신도시에도 그때 착공한 신축 상가 건물들이 꽤 많았단다.

그때 분양한 상가들이 죄다 2024년쯤에 완공되었기에 상가 공실은 넘쳐나지만, 고금리로 인한 경기 불황으로 상가를 임차받아 장사해 보려는 임대 수요는 거의 바닥을 기었단다.

우리 상가는 실평수 9.5평의 작은 규모라 공인중개사 사무실이나 남성 전용 소규모 이발소 또는 간단한 테이크아웃 카페 및 분식집 등이 입점하면 나름대로 경쟁력이 있다고 생각해 분양받았던 것인데, 입점 시기가 심각한 불경기였던지라 임대 매물 내놓은 지 2개월이 지나도록 임차 문의가 한 건조차 없었던 거지.

그래서 엄마에게 직접 상가에서 장사해 볼 의향 있느냐고 넌지시 물어보았단다. 아빠가 모든 비용 다 내주면서도 벌어들이는 돈은 모두 엄마가 가져가라고 하면서 말이다.

카페 입점하는 데 필요한 시설 및 인테리어비 등 모든 돈은 아빠가 다 내줄 것이고 엄마에게는 보증금도 안 받을 테니, 카페에서 버는 돈 모두 엄마 다 가져가라고 제안했단다. 단, 매달 내야 하는 은행 대출이자와 상가 관리비만 엄마가 번 돈에서 직접 내는 조건으로 말이다.

엄마가 돈 번다고 해서 아빠가 엄마 일에 간섭하거나 매달 주던 생활비를 줄이거나 하지 않고, 원래 주던 것은 그대로 다 주겠다고도 설득했단다. 솔직히 이런 조건이면 거의 횡재 한 거나 마찬가지 아니겠니? 세상에 이렇게 좋은 제안이 어디 있을까?

모든 창업비용을 다 지원해 줄 테니, 집에서 쉬지 말고 직접 장사해 용돈벌이하라는 것인데 말도 안 되는 엄청난 혜택이지. 이후 카페 창업 경과는 뒤에 자세히 쓸 것이니 결과만 간략히 요약하자면, 결국 엄마는 아빠의 꼬임(?)에 넘어가 포장 배달 위주로 하는 커피 전문 프랜차이즈 카페를 창업하게 되었단다.

서민아, 아빠는 엄마에게 카페 한 채 차려준 능력 있는 남편이란다.

사업계획서

- ■ 개요 : OOO 상가(A-119호)에 대한 사업 계획임
- ■ 내용 : 사업 계획
- ● 1안 (잔금일 이전 적정 임대계약 완료 시 : 임대사업)
  - 추천업종 : 공인중개사무소, 블루클럽 등 저가 미용실, 과일 및 야채 소매점, 떡볶이 위주 분식집 등
- ● 2안 (잔금일 이전 임대계약 미체결 시 : 직영사업)
  - 계획업종 : 떡볶이 위주 분식집, 간식 메뉴 다양한 카페
  - 사업성 검토
    - 전면 : 대량 학원시설 입점 예정 (현재도 대규모 국어학원 성업 중)
      → 학원 수강생 및 학부모 대상 간편 간식 판매
    - 후면 : 336세대 단지 내 상가 → 입주민 대상 포장 판매
  - 예상 수익 (추정)
  1) 배치계획 : 11개 테이블 배치 (가정)

  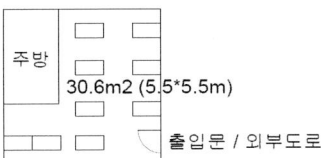

  2) 매출액 : 테이블 당 2만 원 매출 (가정) (포장매출 미고려)
     점심, 저녁 2회 만석 시 일 매출 = 2만 원*11석*2회 = 44만 원
  3) 매입액 : 이자 9만 원 + 관리비 1만 원 + 재료비 10만 원 + 인건비 4만 원
     = 24만 원
  4) 순익 : 44만 원 - 24만 원 = 20만 원
     월 4일 휴무 시 월 순수익 = 20만 원 * 26일 = 520만 원
  - 세부 추진 계획
  1) 잔금대출 실행하여 소유권 이전 : 8월말
  2) 떡볶이 및 카페 프랜차이즈 상담, 가맹점 또는 직영사업 결정 : 9월말
  3) 인테리어, 집기 설치 및 간판, 인력 채용 : 10월말
  4) 개업 및 영업 시작 : 11월 초

사업자금 대출을 위해 작성했던 사업계획서

이번 상가 투자에 관해 서민에게 들려주고 싶은 핵심은 최악의 경우, 본인이 직접 운영할 대비가 안 되어있다면 상가 투자는 하지 말라는 것이다.

상가뿐만 아니라 지식산업센터, 공장, 창고, 원룸 등 임대수익을 목적으로 하는 모든 수익형 투자는 최악의 경우 자신이 직접 운영하거나, 또는 공실로 비워둬도 생계에 지장 없을 정도로 충분히 여유 있는 현금흐름이 확보되어 있지 않은 이상에는 투자에 매우 신중해야 한다.

다행히도 아빠는 엄마를 설득해서 7억 원 들여 상가 분양 받아놓고도 1억 원 더 들여 프랜차이즈 카페를 창업할 수 있었지만, 엄마마저 제안을 거부했더라면 공실로 비워둔 채 매달 대출이자 190만 원과 관리비 약 30만 원이 꼬박꼬박 빠져나가는 끔찍한 상황을 겪게 될 뻔했단다. 아휴~ 상상만 해도 끔찍하다.

3장

농지 건축허가

이번에는 농지에 대한 아빠의 경험을 들려주련다. 경기가 좋아 원하는 때 언제든 쉽게 사고팔 수 있다면 아무 걱정 없겠지만, 농지 특성상 불경기에는 거래가 정말 어렵단다.

땅 살 때 온전히 자기 돈 내고 사는 사람은 없기 때문이지. 은행 대출이 잘 나와야 땅도 거래되는데, 금리가 높아 대출받기 힘들어지면 땅 거래도 잘 안된단다.

그래서 이번 장에는 안 팔리고 있는 농지에 대한 아빠의 경험과 생각을 써두었으니 나중에 참고하길 바란다.

강화도
405평 농지에 건축계획

2022년 2월 상가 분양받았던 그 시기에는 건설경기가 꽤 호황이던 때라 아빠가 프리랜서 교수직을 하면서 부업으로 병행하던 건설공사 서류작성 대행 사업도 상당히 호황이었단다.

이후 2024년에 들어서면서 심각한 경기 불황으로 사업소득이 근 반 토막 났지만, 2022년에는 월 최대 6,750만 원까지 벌었을 정도로 현금흐름이 여유 있었단다.

2022년에 1년 동안 벌어들인 총소득이 세전 약 5억 7,000만 원이었으니, 우리 가족 생활비 제외하고도 4억 원 이상의 여유자금이 모여진 것이었지. 참고로 다시 한번 말하지만 2024년부터는 심각한 경기 불황으로 지금은 근 반토막 났단다. (-_-)

우리나라의 종합소득세율이 년 소득 8,800만 원 이하까지는 24%인데 그 이상 넘어가면 무려 35%의 높은 소득세를 내야 하고, 년 소득 3억 원을 초과한다면 세율이 40%까지 올라간단다. 돈 벌어서 세금으로 다 가져다 바쳐야 하는 거지.

2022년 3월 소득만도 약 4,700만 원이었는데 곰곰이 따져보니 이렇게 계속 개인사업자로 소득 올리면, 세금만도 수억 원을 내야 할 것 같아 심히 걱정되었단다.

그래서 합법적 절세를 위해 그동안 생각만 했었던 법인사업자로의 전환을 결심하게 되었지. 아빠의 성격은 단점들도 많지만 그래도 결심한 것은 신속하게 행동으로 옮기는 빠른 실행력만큼은 큰 장점이란다.

등기사항전부증명서(말소사항 포함)

등기번호	1		
등록번호	1)		
상 호	살펴봄 주식회사		
본 점	인천광역시 강화군 화도면		
공고방법	본 회사의 공고는 서울특별시내에서 발행하는 일간 아시아경제신문에 게재한다.		
1주의 금액	금 100 원		
발행할 주식의 총수	1,000,000,000 주	(A)	
발행주식의 총수와 그 종류 및 각각의 수		자본금의 액	변 경 연 월 일 등 기 연 월 일
발행주식의 총수 보통주식	10,000 주 10,000 주	금 1,000,000 원	
목 적 (B) 1. 곡물 및 과실작물 재배업 1. 건물 및 토목 엔지니어링 서비스업 1. 건설안전 컨설팅업 1. 기타 기술 시험, 검사 및 분석업 1. 교육관련 자문 및 평가업 1. 부동산 개발 및 시행업 1. 위 각 호에 관련된 부대사업 일체			

법인설립 등기부등본

2022년 4월 1일부로 자본금 100만 원으로 아빠가 소유한 강화도 농지를 본점으로 한 법인사업자를 설립했단다. (위 A 항목 참조)

   법인사업의 주목적은 건설공사 서류작성 등 엔지니어링 사업이지만, 본점 주소지가 농지에 있는 만큼 농업 용도에 적합하게 작물 재배업을 최우선 순위로 등록했단다. (위 B 항목 참조)

   법인사업자 등록 후에 여유자금이 모이자 이번에는 강화도 농지에 근사하게 사무실 한 채 신축하고, 기존 가설건축물도 증축하여 근린생활시설로 정식 허가받으려 계획했지.

   강화도 농장은 위 평면도와 같이 405평의 규모인데, 그중 가설건축물이 설치되어있는 오른쪽 공간과 차량 진·출입로를 포함해 약 70평을 분필해, 기존 건축물 옆에 10평짜리 사무실을 추가 신축하여 주말에는 가족과 지인들이 놀러 와 자고 갈 수도 있도록 꾸미려 했단다.

   분필 면적을 70평으로 계획한 것은 혹여 노후에 생활비 부족하면 이 땅을 농어촌공사에 담보 맡기고 농지연금 받으려고도 생각했기에, 순수 농지 면적을 최소 300평 이상 유지해야지만 농지연금 신청이 가능해서였단다.

   잠깐 부연 설명하자면 농지연금 신청 자격은 소유자가 영농경력 5년 이상인 농업인이어야 하고 해당 농지에서 30km 이내에 주소지가 있어야 한단다.

강화도 405평 농지 및 2021년 건축한 가설건축물의 풍경

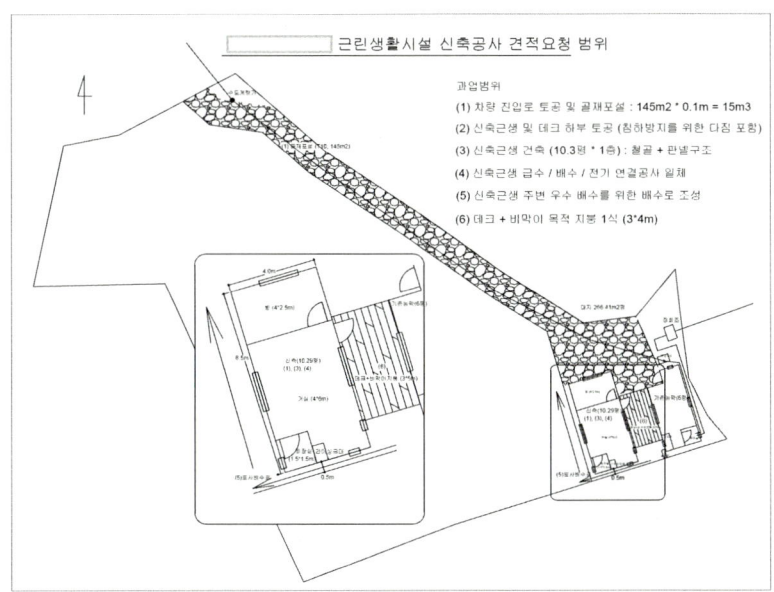

기존 6평 외 10평 근린생활시설 증축 계획 평면도

그래서 아빠는 농지연금 신청 자격을 확보하고자 2021년부터 농지 원부 등록해 이 땅에 직접 고구마 작물 재배하면서 농협 조합원으로도 가입해 두었지.

벌써 4년 지났으니 앞으로 1년만 더 있으면 영농경력 조건은 충족될 것이고, 주소지 조건도 근린생활시설 신축 후 나중에 농지연금 신청 필요할 때 맞춰 주소지를 여기 강화도로 옮기면 문제없을 것이란다.

농지연금에 관한 더 상세한 계획은 뒷부분에서 설명하기로 하고, 어쨌든 아빠는 이렇게 수십 년 후 먼 미래까지 고려해 건축계획을 세웠고, 지역 건축업자를 불러서 신축공사에 대한 견적까지도 받아 두었단다.

No. 1	예 비 견 적 서			
2022년 5월 23일	공급자	등록번호		
님 귀하		상호	온누리건축	성명
		사업장주소	강화군 양도면	
아래와 같이 견적합니다.		업태	건설업	종목 신축, 인테리어
		전화번호	010-4	

합계금액 (부가세별도)	(₩ 52,000,000 원)	(₩ 일금 오천이백만원정)	
품 명	규격	공급가액	비고
근 생	10.3평*450	4635만원	
입구 진입로	15m3	100만원	
우수 배수관		50만원	
전기 / 정화조배관			
데크및 지붕	5평	500만원	
난방	가스혹은 기름보일러		

10평 근린생활시설 신축 견적서

강화도
405평 농지 매도계획

강화도에 사무실 증축하기로 마음먹은 그즈음 아빠 인생이 확 바뀌는 사건이 있었는데, 그것은 건강검진 결과 혈당이 좀 높게 나왔다며 당뇨병 여부 정밀검사 받아보라는 진단이었단다.

그 당시 아빠는 비록 살 좀 쪘지만 날렵하고 건강한 돼지라 스스로 건강에 자신 있다고 생각했는데 난데없이 당뇨병이라니? 아빠는 엄청 당혹스러웠단다. 그래서 당뇨병 여부 진단을 위해 추가로 당화혈색소 검사를 받은 결과, 다행히 아직까지는 약 먹어야 할 정도의 당뇨병 확진 단계는 아니었단다.

하지만 이대로 내버려 두면 당뇨병으로 진전될 가능성이 매우 큰 대사증후군 단계라더라. 예전에는 성인병이라 불렸던 질병인데 평소 식습관이 건강에 해로운 고탄수화물 위주로 먹다 보면 생기는 병이라서 생활습관병이라고도 불린단다.

아빠는 평생 건강하고 팔팔할 줄 알았는데 예상치 못한 당뇨병 우려 진단에 큰 충격을 받았고, 그때부터 도서관에 있는 당뇨병과

대사증후군 및 혈당 등에 관한 책들을 수십 권 읽어보았지.

　그제야 깨달았는데 당시 아빠가 수시로 느끼고 있었던 잦은 갈증, 빈뇨, 심한 공복감 등이 모두 전형적인 당뇨병의 주요 증상이었단다.

　당뇨병이 심해지면 여러 합병증이 생긴다던데, 정말 이러다 갑작스레 쓰러져 온갖 병치레 하며 서민이와 엄마에게 부담만 주는 짐짝이 되면 어쩌나 하는 걱정이 확 들었지.

　당뇨병 예방을 위해서는 가장 중요한 게 식단관리인데, 책을 읽어보니 우리가 평소 건강한 일반식으로 알고 매일 먹는 밥-빵-면 등 고탄수화물 즉, 정제당이 혈당을 크게 높이는 가장 큰 위험 요인이었단다.

　어쩐지 아빠가 살 빼겠다고 아침은 간단히 식은밥 말은 라면 한 그릇, 점심은 빵 한 봉지에 음료 한 캔, 저녁은 반찬 줄이고 밥만 좀 더 먹는 등 나름 관리한다고 했는데 체중이 하나도 안 줄고 오히려 살만 뒤룩뒤룩 더 찌고 있었지.

　무식하면 용감한 법이란다. 이 밥-빵-면 음식들이 당뇨병의 주원인이었지. 결국, 건강한 삶을 위해서는 엄격한 식단관리가 매우 중요한데 이에 대한 아빠의 자세한 의견은 뒤에 별도로 설명하고, 이번 장에서는 그 이후 경과만 간략히 정리해 주마.

　서민이의 돌아가신 친할아버지는 아빠가 고등학교 3학년이던

1998년 10월 27일에, 만 46세 나이로 갑작스레 뇌출혈로 쓰러져, 무려 7년 동안 식물인간 상태로 병치레하며 집안을 풍비박산 냈었단다.

하도 충격적이어서 지금도 날짜까지 정확히 기억난다. 그로 인해 아빠는 고3이었던 만 17세부터 대학 진학도 포기한 채 병원비 마련과 집안 생계유지를 위해 이른 취업 후 군대도 직업군인으로 말뚝 박아 근 6년간의 군 생활을 할 수밖에 없었지.

아빠는 절대 서민이에게 아빠가 겪었던 그런 고통을 물려줄 수 없다고 다짐했어. 그래서 당뇨 관련 책을 시작으로 건강 관련 책을 많이 읽어보니 식단을 밥-빵-면 등의 고탄수화물이 아닌 채소와 신선육류 등으로 확 바꿔야 했는데, 엄마는 이런 아빠의 심각한 마음을 이해 못 해주고 이전과 다를 바 없는 쌀밥과 분홍 소시지 가공육 등 건강에 해롭고 혈당 높이는 밥상을 계속 내주었단다.

몇 번 식단 변화를 요청했었는데 엄마는 별것도 아닌 흔한 당뇨병 가지고, 오히려 아빠가 너무 오버(Over)한다고 생각했는지 싫은 소리 주고받으며 서로 감정 상하기도 했었단다.

그래서 생각해 낸 방법이 일주일에 3~4일 정도는 아예 강화도에 들어가 아빠 혼자 지내며 정제 탄수화물과 당류는 일절 포함되지 않은 채소, 두부, 생선, 신선육류로만 식사하는 생활을 해보기로 마음먹었지.

그래서 그 해 4~5월에는 매주 3~4일씩 강화도에서 아빠 혼자 지내봤는데, 식단을 바꿨더니 한 달에 4~5kg씩 체중이 확 줄어들며 금방 좋은 효과가 나타났단다.

체중 변화만 요약해 보자면 당뇨병 우려 진단받았던 2022년 3월이 최대 117kg였고, 매달 4~5kg씩 확 빠져 6월에는 100kg 정도, 그리고 그해 연말에는 90kg으로 줄었으며, 1년 지난 2023년 3월에는 최저 81kg까지 약 35kg 체중이 줄었단다.

그 이후에도 꾸준히 식단관리는 하지만 아빠도 사람인지라, 가끔은 밥·빵·면 등을 서민이와 엄마가 먹을 때 한 젓가락 정도는 맛보다 보니 다시 체중이 조금은 늘어, 현재는 평균 85±2kg을 왔다 갔다 하고 있고, 앞으로도 이처럼 최대 87kg을 마지노선으로 설정하여 그 이하로 평생 체중 관리할 계획이란다.

그렇게 강화도와 송도 자택을 오가며 지내던 2022년 5월 후반의 어느 날, 불현듯 뜬금없이 제주도로의 이주를 생각해 보게 되었지. 참으로 뜬금없지?

당시 아빠는 비대면 서류작성 사업이 매우 활황이어서 사업에만 집중하고자 강의, 자문, 심의 등의 다른 대면 업무는 대부분 중단했단다, 대면 활동이 없다 보니 구태여 수도권에 있을 필요가 없어 이참에 강화도를 떠나 아예 멀리 떨어진 새로운 곳에서의 디지털노마드의 삶을 경험해볼까 생각했었지.

여러 지역 중에 제주도를 떠올린 첫 번째 이유는 무엇보다 겨울에 따듯해서였단다. 지난 3년 동안 강화도에서 지내보니 겨울에는 너무나도 추위 지내기가 어려웠지. 12월 중순부터 3월 중순까지 3개월 동안은 혹한의 추위 때문에 몇 시간만 수돗물을 쓰지 않아도 물이 꽁꽁 얼어버리는 바람에, 강화도에서는 겨울에 매일 거주하며 수돗물을 사용하지 않는 한 정상적인 생활이 불가능했단다.

그렇기에 다른 지역 이주를 생각했을 때 강화도처럼 추운 북부 지역인 경기도와 강원도는 생각조차 안 했고, 나머지 충청도, 경상도, 전라도는 매번 차 끌고 다니기에는 엄청 피곤할 것이고, 그렇다고 송도에서 한 번에 갈 수 있는 철도나 버스가 있는 것도 아니기에 이동 방법이 매우 애매했단다.

제주도는 항공기로 1시간이면 갈 수 있고, 김포공항까지는 집 앞에서 지하철 타면 편하게 앉아서 1시간 만에 갈 수 있으니, 지하철에서든 비행기에서든 편하게 앉아서 책 읽으며 다닐 수 있어 시간 활용이 편리하다는 생각이 들었지.

그리고 솔직히 이런 생각도 했었단다. 매우 조심스러운 생각인데, 사람은 누구나 언젠가는 죽는데 우리 가족 중에서는 상식적으로 아빠가 제일 먼저 죽을 확률이 가장 높지.

그래서 갑작스럽게 아빠가 세상을 떠나면 아빠의 빈자리로 서민이와 엄마가 슬퍼하거나 허전해하지 않게끔, 건강할 때부터 미리 집을 좀 떠나있어, 나중에 아빠가 먼저 세상을 떠나게 되어 아빠의 빈자리 있어도 엄마와 서민이가 익숙하게끔… 좀 더 멀리 좀 더 오랫동안 떨어져 있어 보는 게 어떠할까 생각했었단다.

 서민이와 엄마가 아빠 없이도 행복하게 잘 사는 경험을 미리 만들어 주어, 혹시라도 나중에 아빠 먼저 세상을 떠나면 아빠 없는 삶에 익숙해지도록 사전 연습시키려는 것이 바로 두 번째 이유였지.
 제주도를 떠올렸던 마지막 세 번째 이유 역시도 글로 쓰기가 매우 조심스러운데… 아빠는 고3 시기부터 7년간의 서민이 친할아버지 병치레로 매우 힘든 시간을 보냈었기에 서민이에게는 절대 이런 고통을 물려주기 싫었단다.
 그래서 항공기를 자주 타고 다니다 보면 만에 하나 급작스러운 기상 악화나 기체 결함으로 사고가 나더라도 중경상 당해 병치레할 확률보다는 한 번에 깔끔히 갈(?) 확률이 매우 높기에, 가족들에게 병치레시킬 일 없어 짐이 덜될 것으로 생각했었지.

 옛말에 이런 말이 있단다. "장수는 전장에서 죽는 것을 영광으로 여긴다"라고, 아빠가 젊을 때는 이 말뜻을 전혀 이해 못 했단다. 가족과 함께 행복하게 살다가 늙어 죽는 게 더 영광이지, 대체 왜 전장에서 칼 맞아 죽으려 하는 것인지?
 그런데 마흔 중반 나이를 먹어보니 이제는 이 뜻이 이해된단다.

아니 이해 정도가 아니라 지극히 공감한다. 젊고 건강할 때 용감무쌍하게 전장을 호령하던 장군에게는 병들어 골골대는 늙은 자기 모습이 한심하고 슬프기 그지없을 것이라 느껴지겠지.

그러니 늙고 병들어 골골대며 가족들 힘들게 하다 죽는 것보다, 아직 건강할 때 전투에서 적군의 칼에 깔끔히 세상을 떠나면 고통도 덜할 것이고 가족들도 덜 힘들 것이며, 무엇보다 국가유공자로서 남겨진 가족들이 예우와 보상도 극진히 받을 것이니 이런 말이 나온 것이 아닐까 생각된다.

아빠가 뭐 장군도 아니고 장수도 아니지만, 혹여 만에 하나 항공기 사고라도 나버리면 우리 서민이는 아빠 늙어서 병간호한다고 고생 안 해도 되고, 사고 낸 항공사와 국가에서 유족 보상금도 꽤 많이 나올 것이기에, 잠깐의 슬픔만 견디면 모든 면에서 늙어 병들어 죽는 것보다는 좋을 것이라는 쓸데없는 생각도 있었단다.

왜 쓸데없는 생각이라 하냐면, 아빠가 벌써 3년째 매주 제주도를 비행기 타고 왔다 갔다 해보니 여러 교통수단 중에서 항공기만큼 안전한 게 없더라.

기상이 안 좋거나 기체에 조금이라도 문제 생기면 아예 결항시켜 버리기 때문에 항공기 사고 날 확률이 지극히 드물단다. 항공기 안전사고 발생 때 '피해 강도' 즉, '위험성'은 매우 높으나, '발생 빈도' 즉, '가능성'은 매우 적기에 실질적인 위험성은 거의 0에 가깝단다.

(첨언) 그렇다고 항공기 사고가 전혀 없는 것은 아니었다. 이 글 초안을 쓰고 난 후인 2024년 12월 29일에 안타깝게도 무안공항에서 항공기가 동체착륙 중 구조물에 충돌해 폭발하는 대참사가 일어났지.

2022년에 제주도 이주를 생각한 이유 중 하나가, 혹여라도 항공기 사고 나면 늙어 병치레하지 않고 한 번에 깔끔히 가는 것도 나쁘지 않겠다는 생각이었는데, 막상 항공기 사고 대형 참사를 뉴스로 접하니 갑자기 매우 두려워졌단다.

아빠는 오래 살고 싶구나. 사람 마음은 참으로 갈대 같다고, 끔찍한 사고로 한 번에 휙 가는 것보다는 병치레하며 골골대더라도 가족과 함께 제 수명 살다 가는 게 더 좋을 것 같다고 생각이 금세 바뀌더구나.

2024년 연말 무안공항 사고 직후, 한동안은 제주도 법인사옥은 내다 팔고 비행기 안 타는 내륙으로 법인사옥을 옮길까 싶어 공인중개사에 매물 내놔봤는데, 심각한 경기 불황으로 전혀 팔릴 기미가 보이지 않는구나.

역시 부동산은 사는 건 돈만 내면 되기에 매우 쉽지만, 파는 건 때가 맞아야만 해서 엄청 어렵단다.

사람은 망각의 동물이라고, 사고 직후에는 항공기 타는 게 두렵고 매우 걱정되었는데 또 한두 달 지나고 나니 대한 두려움이 사라져서 지금은 다시 송도 자택과 제주 법인사옥을 왔다 갔다 하면서 즐거운 두 집 살림을 계속하고 있단다.

 다시 본론으로 돌아와서, 어쨌든 2022년 5월 말에 이런 생각이 들자 제주도로 이주를 결심하고, 제주도에서 지낼 집을 알아보려 바로 다음 주인 6월 첫 주에 제주도행 항공권 예매했지.
 엄마에게 제주 이주 계획을 상의하니 뜬금없이 어이없어하면서도 강화도 두 집 살림하며 식단관리로 날씬해져 가는 아빠의 모습 때문에 할 말이 없었는지 크게 반대는 안 하고, 집 보러 가는 김에 아예 가족 모두 제주도 여행 같이 가기로 해서, 3박 4일간의 우리 가족 제주 부동산 임장 여행을 떠나게 되었지. 기억나니 서민아?
 나중에 엄마 말로는 그때 같이 여행한 이유가 실행력 빠른 아빠의 성격을 잘 알기에 혼자 보내놓으면, 혹여나 어디서 괴상하고 이상한 집을 덜컥 계약할까 걱정되어, 막을 수 없다면 그나마 정상적인 집을 고르려고 같이 가겠다 한 것이더라.

 이후 강화도 농장은 어떻게 하기로 했냐면, 우선 증축 설계 진행 중이던 건축사에게 제주도 장기 출장 가야 하니, 우선 1년간 보류해 달라 해놓고 주변 공인중개사들에게 농지 매도 의뢰했단다.
 2022년 여름까지만 해도 미국이 금리 대폭 인상 전이라 부동산 경기가 꽤 좋았단다. 당시 지역 공인중개사들에게 시세 물어보니 적게는 평당 80만 원에서 많게는 115만 원 사이에 팔 수 있다니,

평균가로 보면 평당 95만 원 정도였단다.

아빠가 이 땅을 2020년 12월에 평당 65만 원 주고 매입했으니 1년 반 동안 평당 30만 원이나 가격이 올랐던 것이지. 405평 전체로 보면 약 1억2,000만 원이나 시세가 올라있었단다.

당시 초저금리에 코로나 팬데믹 상황이었기에 담보대출 받아 강화도에 주말농장 알아보는 수요가 많아서 금방 팔 수 있을 거라는 중개사들의 말에 바로 매물 내어놓고 아빠는 본격적으로 제주도로의 이주를 준비했단다.

농지 유료 임대,
주인의식 결여

    2022년 6월 임장 여행을 통해 제주 해안가에 마음에 드는 전원주택 한 채 매입 결정했고, 7월 초 아빠 혼자 또 제주도 날아가 정식 계약서 작성했단다.

    제주도 전원주택 이야기는 뒤에 자세히 다루기로 하고, 우선 강화도 405평 농지에 대해 이후 경과를 먼저 써보면, 결국 3년이 지난 지금까지도 팔지 못해 그냥 가지고 있단다.

    2022년 여름까지만 해도 강화도 주변 중개사들 말 믿고 농지가 금방 팔릴 것으로 예상해 일부러 천천히 팔고자 매도가격을 평당 90만 원으로 높게 불러두었단다.

    왜 천천히 팔려고 했냐면 농지 내 가설건축물이 아빠 법인사업자 본점 소재지로 등록되어 있었기에, 제주도 전원주택을 매입하고도 주택에서 근린생활시설(사무실)로 용도변경 해야 했고 소유권 이전까지 완료하려면 연말이나 되어야 법인회사 본점 소재지를 제주도로 옮길 수 있었기에 그리했던 것이지.

그래서 제주도로 본점 소재지 정식 이전 완료될 때까지는 좀 비싼 값 불러놓고 혹여라도 거래되면 잔금 기한을 연말로 길게 잡아두려 했던 것이란다.

시간이 흘러 2022년 10월 말에 제주 전원주택 용도변경이 완료되어 법인 본점을 이전시켜 바야흐로 제주 법인사옥 시대가 시작되었단다. 이제는 강화도 농지를 가격 좀 낮춰서라도 빨리 처리하려고 했지.

그즈음 미국에서는 과도한 인플레이션이 우려된다며 급작스레 금리를 대폭 인상했단다. 조금씩 단계별로 인상한 것도 아니고 '빅스텝'이라 불렀을 정도로 한 번에 확 금리를 대폭 올렸단다.

당연히 그 여파로 우리나라 역시도 금리를 한 번에 껑충 따라 올릴 수밖에 없었지. 미국 금리와 우리나라 금리가 왜 같이 움직이는지를 간단히 설명하자면, 금리가 낮아야 사람들이 대출 많이 받아 여기저기 투자해 경기가 활기 띠게 되는 것이란다.

금리가 저렴하니 돈 많이 빌려 아파트, 건물, 땅 등에 투자 많이 하면 시중에 돈이 많이 풀려 전반적으로 모든 물가가 오르는 인플레이션 현상이 발생하는 것이지.

반면, 금리가 높으면 이자를 많이 내야 하니 일단 대출 자체를 안 받으려 하고, 구태여 아파트, 건물, 땅 등 현물자산에 위험하게 투자하는 것보다 그냥 은행에 예금 넣어두고 이자 받는 게 안전할 것이기에 시중에 돈이 돌지 않아 거래량이 줄어들어 경기가 침체된단다.

현재 전 세계적으로 가장 강력하고 안전한 나라는 미국이지. 그렇기에 미국 달러가 전 세계 기축통화로 사용되는 것인데. 안전한 미국이 금리를 높여 예금이자를 많이 준다는데, 전 세계의 투자자들이 한국 같은 전쟁 위험이 크고 금리마저 작은 나라에 구태여 투자할까?

상식적으로 한국에 투자했던 돈을 모두 빼내 안전하고 이자 많이 주는 미국 은행으로 옮겨가겠지. 그럼 한국 정부에서는 외국 투자자들이 투자금을 빼가지 않도록 막기 위해서는 어쩔 수 없이 한국도 미국 이상으로 금리를 높여 이자를 많이 챙겨주는 수밖에 없는 것이란다.

이런 이유로 2022년 하반기부터 미국 금리가 급등하면서 우리나라 부동산 경기도 순식간에 가라앉기 시작해 부동산 매수 수요가 확 줄었단다.

그래도 아직 코로나 팬데믹으로 거리 두기를 강조하던 시기라서 프라이빗한 주말농장을 알아보는 수요는 좀 남아있었는데, 아빠의 강화도 농장은 석모도 앞바다가 조망되는 경치 좋은 땅이었기에 가격만 조금 낮춰주면 충분히 매매 될 것이라 아빠는 생각했단다.

그래서 평당 80만 원으로 가격 좀 낮춰 매물 내놓으면 금방 팔 수 있다는 공인중개사들의 의견대로 가격 낮췄음에도 결국 팔리지 않았단다.

몇몇 땅 보러 오는 사람은 가끔 있었지만 결국 거래는 계속 불발되었는데 이유를 물어보니 땅이 너무 크다는 것이란다. 보통 주말농장 원하는 사람들은 땅에 농막 하나 놓고 텃밭 작게 조성할 수 있는 100평 미만의 적은 면적을 찾는데, 아빠 농장은 405평이나 되니 가격이 비싸기도 하고 너무 넓어 관리하기도 힘들다는 것이었지.

금리 인상 이전에는 아빠 땅에 카페를 짓겠다는 사람이 아빠 땅을 원하기도 했었는데, 그때는 아빠가 제주도 이전을 생각하기 전이라서 매도 의향이 전혀 없었기에 거절했었단다.

결국, 금리 인상 이후에는 405평의 넓은 농지를 찾는 사람이 없다 보니 평당 75만 원까지 가격 낮추었어도 아직 팔지 못한 것이지.

지금이라도 가격 더 낮춰 아빠가 매입했던 평당 65만 원으로 내놓으면 급매물로 취급되어 팔 수 있을 것으로 생각되지만 구태여 손해 보면서까지 당장 팔아야 할 이유는 없고 딱히 급전이 필요한 것도 아니기에 우선은 그냥 놔두고 있단다.

어차피 아빠가 원하면 농지연금을 이용해 노후에 연금으로 자금 회수 가능하다는 출구전략도 확보되어 있으니, 강화도 농장은 그냥 비워둔 채 법인 본점을 제주도로 옮겨갔지.

이후 반년 정도는 제주 법인사옥과 송도 자택을 매주 3~4일씩 오가며 지냈는데, 강화도 농장에는 가설건축물 시설관리를 위해 한 달에 한두 번 정도만 최소한으로 방문했었단다.

그렇게 지내던 2023년 4월에 강화도 농지에 대해 뜻밖의 제안을 하나 받았지. 아빠가 쓴 책을 모두 읽어보신 애독자 한 분이 아빠 블로그의 강화도 농장 매물 홍보 글을 보고는, 어차피 비어 있으면 우선 본인 가족이 주말농장으로 몇 년 임대 사용하는 건 어떨지 문의해 왔단다.

우선은 월 임대 형식의 가족 주말농장으로 사용해 보고 가족과 협의해서 괜찮다 싶으면 직접 매수할 의향도 있다고 하여, 날 잡아 강화도 농장에서 같이 만나 농장시설 둘러보며 임대 조건을 협상했단다.

이야기 나눠보니 공기업 다니는 독실한 기독교인으로 책임지고 성실하게 시설물 잘 관리할 테니, 임대해달라 부탁했고 별문제 없어 보여 그리하기로 협의했단다.

하지만 농지는 소유자가 직접 경작하는 것이 원칙이라 이를 돈 받고 빌려주는 것은 법령위반의 소지가 있어 주변에 자문해 봤는데, 어차피 405평 중 대부분 면적에는 과수원 용도로 만들고자 아빠가 직접 과수 묘목 40여 그루를 심어두었기에 직접 농사하는 것이 맞으니 법적으로 문제없다고 판단되었단다.

그리고 가설건축물에 대해서는 임대가 아닌 시설관리 목적으로만 이용을 허가한다는 내용의 협약서를 작성해 우선 1년간 주말농장 이용하는 것을 수락했지.

  임차인에게는 어린 아들이 한 명 있었는데 혹여 장난치다가 가설건축물 내 시설이 파손될 수도 있고, 또한 수도, 전기, 인터넷 요금은 당연히 임차인이 지급해야 할 것이기에, 이런 부분 고려해 보증금 100만 원에 월 10만 원의 저렴한 비용으로 시설 이용토록 허락했단다.

농장시설 관리 협약서

임차인이 2023년 4~5월에는 매주 농장에 와서 잘 관리하는가 싶더니 이내 좀 지겨워졌는지 6월부터는 주말마다 이런저런 일정이 있다며 농장에 오지 않았고, 결국 한 달 넘게 비워두고 시설을 내버려두는 상황이 되었단다.

매주 제주도를 오가는 아빠조차도 최소한 한 달에 두세 번은 시설 점검하러 강화도 농장에 갔었는데 책임지고 관리하겠다던 임차인이 한 달이나 농장을 비워두니 기분 언짢기도 하고, 시설물 고장도 걱정되었단다.

이에 임차인에게 연락해 양해 구하고 시설점검 목적으로 오랜만에 강화도 농장 가봤더니, 현관문도 안 잠긴 채 열려있었고, 내부에는 한 달 동안 청소하지 않아 여기저기 죽은 개미 떼가 널브러져 있었으며, 심지어 찬장에는 일부 거미줄까지 처져 있더라.

이건 좀 너무하다 싶어서 더 이렇게 방치할 수 없기에 부득이 임대인과 협의해 이용 협약 취소시키고 다시 원래대로 아빠가 1~2주에 한 번씩 오가며 관리하게 되었지.

임차인에게 5월까지는 자주 오더니만 이후에는 왜 이렇게 방치했는지 물어보니 본인은 시골 주말농장이 마음에 들었지만, 아내가 한적한 시골이 재미없고 불편하다 해서 점점 안 오게 되었다고 하더라. 이때의 경험으로 아빠가 깨달은 것은 역시 주인 아닌 사람은 다른 사람 소유의 재산과 시설에 대해 애정을 가지고 관리하지 않는다는 것이었단다.

음식점도 가보면 주인이 있는 곳과 주인 없이 직원들로만 운영하는 곳은 서비스, 맛, 청결도 그 모든 면에서 확연히 차이를 보인단다. 그렇기에 이후에는 정말 믿을 수 있는 가족 친지가 아니라면 농장을 비워두면 비워두었지 절대 남에게는 빌려주지 않기로 마음먹었지.

참고로 상가나 아파트 임대는 예외란다. 제대로 된 보증금과 차임 받는 임대계약은 법령에 의거 임차인에게 명확한 관리 책임이 주어져 있고, 관리를 제대로 안 하면 계약 해지하면서 손해비용을 보증금에서 공제할 수도 있으니 엄연히 다른 성격의 이야기란다.

지인 무료 임대, 책임 회피

2023년 여름, 얼마 되지도 않는 돈에 강화도 농장시설을 임대 줘본 결과 임차인의 부실한 관리에 대단히 실망한 아빠는 다시는 타인에게는 절대 빌려주지 않기로 마음먹었단다.

당시 아빠는 제주살이 1년 차 좀 넘어선 시기로 아직은 제주도 법인사옥과 강화도 농장을 동시에 관리하기에는 시간이 부족했었기에, 매주 제주도를 오가는 일상 중에 그래도 약 10일에 한 번은 짬 내어 강화도 농장에 들러 시설점검도 하고 마니산도 올라다니며 그럭저럭 지내고 있었지.

농장에 과수원 꾸미려고 묘목 40여 그루 심어두었지만 번성하는 잡초의 생명력에는 당해낼 수가 없다 보니 한여름에는 누가 봐도 농장이라 볼 수 없을 정도로 온통 잡초투성이였단다.

그러던 중 명절 때 가족 친지들과 이런저런 이야기하던 중에 강화도 농장을 관리하기 힘들어 그냥 방치 중이라고 하자, 몇몇 어른이 본인이 한 번씩 주말농장으로 이용해도 되겠냐고 물으셨지.

아빠 입장에서는 405평의 농지와 가설건축물 시설을 아깝게 놀리는 것보다는 믿을만한 가족 친지분이 직접 시설 이용하시며 관리해 주신다면 오히려 좋을 것 같아 흔쾌히 수락 드렸단다.

그 친척 어른께서는 주말에 날 잡아 농장 방문하여 시설 둘러보시고는 경치도 좋고 땅도 넓어 좋다며 매우 흡족해했지.

흔히들 은퇴한 어르신들은 고향이 시골인 분들이 많으시기에, 혼잡하고 시끄러운 도시보다는 강화도처럼 조용하고 경치 좋은 시골에서의 한적한 노후의 삶을 원하시는 분들이 많으시단다.

아빠 입장에서는 농장시설을 그냥 방치하며 망가뜨리는 것보다는 누구라도 신뢰할 수 있는 사람이라면 대신 관리는 맡기는 게 나을 것으로 생각해 언제든지 원하시면 농장 텃밭과 가설건축물을 편하게 사용하시라고 말씀드렸지. 그러나 결국에는 불발되었단다.

그 친척 어르신은 농장에 기거하고픈 마음이 굴뚝 같았으나 혼자서 있기에는 외롭고, 그렇다고 배우자는 심심한 시골 농장에 지내는 것은 싫다고 하시고, 그래서 다른 친구와 둘이서 농장에 지내보려고도 생각해 봤다는데, 결과적으로 책임소재에 대한 부담이 커서 사양하셨단다.

어쩌다 한 번씩 놀러 가 고기 구워 먹고 텃밭 가꾸다 가는 것은 정말 원하고 것이고 즐거운 것이나, 405평이나 되는 큰 면적의 농지와 수도, 전기, 인터넷이 설치된 가설건축물을 전적으로 책임지고 관리하는 것이 부담된다고 하셨지.

생판 모르는 사람에게 빌려주면 부실하게 관리해서 문제였고, 잘 아는 친지는 시설관리 책임이 부담되어 거절하는 것이지. 결국, 내 자산은 내가 직접 관리해야지 다른 사람에게 맡길 수 없다는 것을 그때 다시 한번 깨달았단다.

그래서 이후에는 다른 사람에게 빌려주는 위탁관리는 아예 배제하고 100% 아빠가 직접 이용하면서 관리하는 방법을 고민하게 되었단다.

미래 먹거리를 위한
법인 기술연구소 설립

아빠는 2022년 8월에 제주도로 법인 본사 이전 후 매주 4~5일 간격으로 송도 자택과 제주도를 오가며 한라산과 올레길 등 제주도에 가볼 만한 명소들을 죄다 가봤단다. 그렇게 2년 넘게 다녀 보니 제주도에 어지간한 곳은 다 가봐서 더 갈 곳도 없더라.

그래서 제주 2년 차 지날 즈음부터는 송도 자택에서 7~8일 보내고, 제주 법인사옥에서 4~5일 보내는 일정으로 간격 조정해 집에서 가족과 시간을 더 보내고자 했는데, 아빠가 7~8일 동안 집에 온종일 붙어있으니 엄마가 상당히 불편스러워했단다.

이전에는 일주일 중 반 이상을 아빠가 제주도에 나가 있어서 서민이 학교 보낸 이후에는 엄마 혼자 집에서 편안한 시간을 즐겼는데, 아빠가 이제는 집에 일주일씩 길게 있다 보니, 늦잠 자고 뒹굴뒹굴하는 것도 눈치 보이고 끼니마다 아빠 밥 챙겨주는 것도 부담된다고 불편해했지.

그래서 엄마의 부담을 덜어주기 위해 아빠가 생각한 대책은 집에 있는 기간 중간에 1~2일은 강화도 농장에 가서 혼자 지내는 것이었단다. 강화도 농장에는 업무를 볼 수 있도록 책상과 컴퓨터 등의 집기를 갖춰두었기에, 아빠는 농장 시설관리도 하고 엄마가 집에서 눈치 보지 않고 편히 쉴 수 있게 자리를 비켜주려고 한 것이지.

강화도 농장은 한겨울에는 수돗물이 얼어버려 이용 어렵지만 봄~여름~가을에는 홀로 1박 2일간 고요하고 한적한 시골 풍경 속에 지내기에는 꽤 좋단다. 제주도도 시골이지만 강화도는 또 그와 다른 시골스러움이 있어 정감 간단다.

제주도는 파란 옥빛 바다가 특히 감성 돋지만, 강화도는 잿빛 갯벌이 감성 돋고, 제주도는 겨울에 따듯하지만, 강화도는 여름에 시원한 장점이 있단다.

제주도-송도-강화도를 오가는 생활을 몇 개월 해보니 불현듯 생각한 것인데, 강화도 농지가 어차피 안 팔리고 있고 노후에 농지연금으로 활용하려면 인접 30km 이내로 아빠의 주소지를 등록해 두어야 하니, 2년 전 건축사에 의뢰했다가 보류시켰던 증축 설계를 대신해 기존 가설건축물만 근린생활시설로 변경 등록하는 것으로 진행하면 어떨까 싶었단다.

생각해 보면 제주도가 아무리 좋아도 평생을 송도와 오가며 살 수는 없고 특히나 서민이가 커서 군대 가거나 독립해버리면 42평의 넓은 집에 엄마 혼자 지내도록 놔둘 수도 없으니, 언젠가는 제주도 집을 정리하고 다시 송도 집으로 돌아와야 한다고 생각했지.

그러나 지금도 아빠가 7~8일 동안 집에 붙어있는 것을 엄마가 부담스러워서 하니, 제주도 정리한 이후에는 더욱더 많은 시간을 강화도에서 보내야 할 것이고 그러기 위해서는 아예 근린생활시설 건축물로 정식 변경해 두는 게 더 좋겠다고 생각했단다.

제주도 법인사옥이 매각된다면 어차피 강화도 가설건축물을 법인 본사로 써야 할 것이고 법인회사의 중장기적 사업 분야는 작물재배업이니, 강화도 가설건축물을 정식 건축물로 등록 후 제주도 법인사옥 매각하기 전까지 우선은 법인회사의 농업 기술연구소로 활용코자 계획했지.

설계 및 인허가 공사비는 당연히 법인 업무를 위한 시설이므로 법인 자금으로 집행하면 될 것이고, 법인설립 주목적이 작물 재배업이니만큼 세법 등 관련 법령으로도 문제 될 것 없다는 세무사의 자문도 받아 두었단다.

그래서 건축사에게 근 2년 만에 다시 연락해 10평 증축 계획은 취소시키고 기존 가설건축물만 근린생활시설로 변경 허가받는 것으로 재추진해 달라고 요청했지. 현재 예상으로는 아마도 2025년 여름에는 근린생활시설 건축물로 정식 등록이 마무리될 것 같구나.

이사회 의사록

2024년 08월 01일 09시 30분 사무실에서 이사회를 개최하다.

총 이사 수 : 1명　　총 감사 수 : 1명
출석이사 수 : 1명　　출석감사 수 : 1명

제 1호 의안　<u>부설 기술연구소 설치에 관한 건</u>

의장은 본 회사의 운영상, 법인 사업의 목적 중 한 분야인 농업(곡물 및 기타 식량작물 재배업) 종목을 향후 육성 발전시키기 위해, <u>대표이사 소유 다음 장소의 토지와 건축물을 임차하여 기업 부설 기술연구소 설치하여야</u> 할 것을 알리고 그 가부를 물은 바, 전원 이의없이 이를 찬성하여 만장일치로 승인 가결하다.

<u>장 소 : 인천광역시 강화군 화도면 　　　　　　 가설건축물 및 관련시설</u>
❖ 현재 농지상태인 토지 중 약 300m2를 분필하여 기존 가설건축물(농막)을 근린생활
　시설로 변경 인허가 승인 받은 후, 이를 임차하여 기업 부설 기술연구소로 사용예정

의장은 이상으로서 의안 전부의 심의를 종료하였으므로 폐회한다고 선언하다. (회의 종료시간 09시 50분)

위 의사의 경과 요령과 결과를 명백히 하기 위하여 이 의사록을 작성하고 출석한 이사가 기명날인하다.

2024년 08월 01일

살펴봄 주식회사

본점주소 : 제주특별자치도 제주시
의장 대표이사 : 박 춘 성
사내이사 : 박 춘 성

강화도 법인 농업 기술연구소 설립에 대한 의사록

4장

제주 법인사옥

이번에는 제주도에서 전원주택을 매입해 이를 근린생활시설(사무실)로 용도 변경하여 법인회사 본점 사무실로 운영한 경험을 들려주려 한다.

이 책에서 법인 창업에 관한 내용까지는 다루지 않겠지만, 나중에 서민이가 회사의 울타리를 벗어나 진정한 자유인으로 독립하게 된다면, 그때는 법인을 설립하여 합법적인 절세 효과를 최대한 누리는 것이 좋단다.

그때를 대비해 법인 활용에 대한 이해를 넓히는 정도로 본 절 내용을 참조하면 좋을 듯하구나.

단독주택을
근린생활시설로 용도변경

서민아, 이번엔 제주도에 있는 110평 토지와 2층 건물에 관해 이야기 들려주마. 앞서 쓴 글처럼 2022년 6월에 제주도 임장 여행 다녀와서 7월에 계약했고, 8월에 중도금 지급 조건으로 잔금 치르기 전에 먼저 입주하기로 협의하여, 8월 22일에 강화도 농장의 사무집기를 렉스턴 화물차 짐칸에 옮겨 싣고 이사 들어 왔단다.

아빠가 실행력은 좋아서 참 신속하고 빠르게 추진했지. 그리고 잔금 및 소유권 이전은 11월에 최종 처리했는데, 늦어진 이유가 그때는 강화된 부동산 규제로 법인이 주택을 매입하면 12%의 매우 높은 취득세를 내야 했었단다.

그래서 합법적인 절세 방법을 알아보니, 주택을 근린생활시설로 건축물 용도변경 후 법인이 매입하면, 업무시설로 보기에 취득세율을 4%로 대폭 절감할 수 있다더라.

매매가격이 3억 8,000만 원이었으니 취득세만 계산해 보면 애초 12%인 4,560만 원이었는데, 주택에서 근린생활시설로 용도 변경하면 4%인 1,520만 원으로 대폭 감액되어 무려 3,040만 원이나 합법적으로 절세할 수 있었단다.

이건 단순히 취득세만 계산한 것이고 여기에 각종 부수비용까지 고려하면 더 큰 절세 효과를 볼 수 있었지. 여기서 아빠가 들려주고 싶은 핵심은 세금이라는 건 엄청나게 복잡하고 어려운데 잘 알아보면 위처럼 수천만 원씩 합법적으로 절세 가능한 방법들이 있다는 것이란다.

제주도 단독주택을 근린생활시설로 용도변경

그러니 세금에 대해서는 젊을 때부터 책 좀 읽고 탐구하여 기본 지식 쌓아두는 것이 행복한 인생에 매우 큰 도움이 된다는 것을 알려주고 싶구나.

세무사 수준의 전문 자격까지 취득한다면 더 좋겠지만 세무회계 전공이 아닌 이상 무리일 것이고, 그저 틈틈이 절세 관련 책이라도 종종 읽어두면 일상 속 세금 문제에는 분명 큰 도움이 될 것이란다.

그리고 세법은 수시로 개정되니 한 5년 이상 지난 책은 아예 읽어볼 필요 없고, 가장 최신 책으로만 1년에 한두 권 읽어보며 개정 법령에 대해 보충 학습할 것을 추천한단다.

제주도 법인사옥에 대한 더 구체적인 내용은 아빠가 2023년에 출간한 『프리랜서 기술사의 창조인생』 책에 자세히 쓰여있으니 그 책을 참조하면 될 것이고, 그 책 출간 이후에 있었던 특이사항 몇 가지만 추려서 이번 책에 기록 남겨보련다.

시골에 있는 전원주택은 도시의 공동주택 아파트와는 달리 일일이 사람 손길이 안 닿으면 관리가 안 된단다. 아파트는 공용부분에 대해 관리사무소가 유지관리해 주지만 개인 소유의 전원주택은 누가 대신 관리해 주는 사람이 없기에 사람 손 안 닿으면 금방 파손되고 망가지기 마련이지.

제주도 법인 사옥도 처음 이주한 2022년 하반기에는 아빠가 아직 전원주택의 특성을 파악 못 해, 별다른 유지관리 없이 최초 입주할 때 도배 새로 한 것 외에는 손댄 것 없이 그럭저럭 넘어갔단다.

다음 해 들어서 2023년에 여름부터 온전히 우기를 겪어보니 제주에서는 비 내릴 때 바람마저 불면 빗물이 위에서 아래로 내리는 게 아니라, 바람에 날려 옆으로 빗물이 들이친다는 것을 겪게 되었지.

비바람 매우 심한 날에는 옆으로 들이치는 빗물 때문에 창틀 아래턱에 금방 빗물이 잔뜩 고여, 심할 때는 창틀에 꽉 찬 빗물이 미처 배수될 틈도 없이 계속 유입되어 바닥 창틀 넘어 집 안으로 빗물이 넘쳐 들어오는 경우도 간혹 있었단다.

흘러넘쳐 들어오는 빗물이 그리 많은 양은 아니기에 사람이 항시 거주하면 그때그때 물 빼내거나 바로 닦아내면 되는데, 아빠는 며칠씩 장시간 제주도 집을 비워두다 보니 그 시기 동안에 빗물이 넘친 채 방치되면 방바닥으로 물이 스며들며 집안에 곰팡이가 생기는 등 몇몇 문제가 있었단다.

그래서 아무리 비바람이 강하게 불어도 빗물이 창틀 넘쳐 집안으로 흘러오지 않게 하려고, 가장 큰 창문인 2층 베란다 창문에 200만 원 들여 비가림막 캐노피를 추가 설치하기도 했었지.

흘러넘친 빗물로 인한 습기 문제도 있었지만, 제주도는 해안가 특성상 습도가 매우 높은 문제도 있었단다. 우기에는 창문만 열어놔도 집안에 습기가 눅눅해질 만큼, 불어오는 바람 자체만으로도 매우 습하단다.

제주 법인사옥 2층 베란다 비가림막 설치 전/후

습기로 인해, 이사 올 때 새로 도배한 벽지도 2년이 채 안 되어 군데군데 곰팡이가 피어나고 심할 때는 방바닥에도 물기가 축축하게 젖어있기도 했었지.

이 또한 사람이 항시 거주하며 자주 제습기 돌려주면 문제 안 되는 건데, 마찬가지로 아빠가 장시간 제주 집을 비우다 보니 이것 역시 꽤 골치 아픈 문제였단다.

요즘은 인터넷을 이용한 제습기 온라인 조작이 가능하니 아빠가 제주도에 없더라도 어디에서건 편리하게 온라인으로 실내 습도 확인 후 제습기를 동작시킬 수 있지.

가격은 대당 22만 원 정도인데, 처음 한 대 사서 1층에 설치해 보니 확연히 제습 효과가 좋아서 바로 하나 더 사 2층에도 설치해 두었단다.

수시로 스마트폰 앱을 이용해 습도 확인하며 제습시켜 주니 그 이후로는 습기로 인한 문제는 더 걱정할 필요가 없었단다. 사람이 살다 보면 다 요령이 생기고 방법이 찾아지는 것이란다.

　제주 법인사옥에서 3년째 거주하며 올레길도 완주해보고 한라산도 수십 번이나 올랐고, 새벽에 경치 좋은 해안도로 러닝도 매일 10km 이상 하다 보니, 날씬하게 체중 감량되는 것은 물론이고 모든 면에서 신체적으로 엄청 건강해졌단다.
　2년 넘게 제주살이한 결과 마흔 중반인 지금의 아빠 몸매와 체중이 20대 초반 군 복무하던 하사~중사 시절보다 더 날렵하고 튼튼해진 건강 상태가 되었지.

제주에서의 일상 - 수시로 한라산 등반과 해안도로 러닝

사는 건 쉬운데
파는 건 어렵다

서민이도 기억하겠지만 2024년 1월, 아빠는 난생처음 실신이라는 것을 경험해 봤단다. 앞으로 나이 더 먹으면 어찌 될지 모르겠지만 현재까지는 처음이자 마지막 실신이었지.

실신 원인만 간략히 요약하면 아빠 나름대로 해석한 건데 얼추 맞을 거라 생각된다. 가끔 뉴스 보면 다이어트 중인 연예인의 실신 소식을 종종 들을 수 있는데, 그들 대부분이 아빠와 유사한 증상일 것이란다.

다이어트한다고 고탄수화물 식품은 일절 안 먹다가 갑자기 먹으면 급작스레 혈당 스파이크가 오면서 저혈당 쇼크가 발생 된 것이었지. 실신 경험에 관한 내용은 뒤에 9절 항목에서 상세히 쓸 것이니 여기서는 이만 생략하련다.

어쨌든 2024년 1월에 생애 처음 실신을 경험해 보니, 정말 사람은 언제 어떻게 갑자기 훅 갈지 모르는 거라는 생각이 또 들었지. 그래서 어차피 제주도 생활도 2년 차 넘어서면서 올레길도 모두 완주해 봤고 한라산도 수십 번 올랐을 정도로 제주도에는 더 가볼 곳도 없으니, 이참에 사랑하는 가족과 더 많은 시간을 보내기 위해 제주도 법인사옥은 매도하고 다시 자택과 강화도로 돌아오기로 생각했단다.

어차피 강화도 농지와 가설건축물이 계속 안 팔리고 있으니 앞에 쓴 바와 같이 정식 건축허가 받아 이참에 법인 본점을 다시 강화도로 옮기려고 했었지.

실신 경험 이후, 제주 법인사옥을 공인중개사에게 팔아달라고 매물 내놓았는데 아직 시기가 불경기이고, 특히나 제주 지역은 해외 못 나가던 코로나 팬데믹이 종식된 이후에는 사람들이 죄다 해외로 여행 가는 바람에, 제주살이 인기가 한풀 꺾여 지금까지도 집 보러 오는 사람들이 거의 없는 상황이란다.

그래서 어쩔 수 없이 이후에도 계속 법인사옥 오가며 지내는데, 가족과 함께 지내다 아빠 혼자 제주도 가는 날이면 피곤하기도 하고 간혹 외롭고 쓸쓸한 기분이 들기도 하지만, 근데 또 막상 제주 도착해 옥빛 바다 바라보며 러닝하고 올레길 걸으면 엄청 상쾌하고 기분 좋단다.

사람 마음은 참으로 갈대와도 같아서 수시로 변하는 것이지. 실신 직후에는 당장 집 팔아치우고 싶었지만, 또 몇 개월 지나니 지금은 제주도와 송도를 오가는 여유 있는 삶을 다시 즐기며 사는 중이란다.

이번 장에서 아빠가 들려주고픈 핵심은 부동산 같은 현물자산은 내가 원할 때 사는 건 쉬운데, 내가 원할 때 파는 건 매우 어렵다는 것이란다.

그러니 부동산을 살 때 내가 원하는 시기에 언제든 팔 수 있다는 확실한 보증이 없다면, 그 돈이 없어도 일상생활에 전혀 지장 없는 완전한 여유자금으로 투자해야만 하는 것이란다.

아빠가 2022년부터 사업소득이 월평균 4,000 ~ 5,000만 원으로 확 뛰어올라 보니 느끼는 건데, 현금흐름이 충분히 여유 있으면 복잡하게 마음 졸이며 부동산이니 주식이니 뭐 이런 것들에 무리하게 투자할 필요가 없더라.

현금흐름이 부족한 사람들이나 투자수익이라도 돈 굴려보고자 무리해 가며 투자하는 것이지, 현금흐름에 여유 있으면 무리한 투자를 할 필요가 없단다.

그러니 서민이는 여유 있고 안정된 현금흐름을 꾸준히 창출해 낼 수 있는, 해당 업무 분야의 최고 전문가가 되는 것을 최우선 목표로 삼아야 할 것이다.

아빠의 앞으로 투자 방향은 부동산은 확실한 사용 용도가 있을 때만 투자할 것이고, 주식은 변동이 심하기에 지금도 대기업 우량주 위주로만 소액 투자하고 있는데 앞으로도 이런 식으로 우량주 위주로만 꾸준히 소액 투자할 계획이란다.

매월 쌓이는 여유자금은 모든 대출 조기상환에 최우선 집중할 것이고, 대출 완납 이후에는 아빠 엄마의 노령연금에 최대한 가입해 수익보다는 안전성에 집중하려 한다.

지나 봐야 알겠지만, 현재로서 아빠의 자산관리 목표는 2025년까지 상가대출을 제외한 모든 대출을 상환 완료하고, 2027년에는 상가대출까지도 완납하는 게 현재 목표란다.

그 이후에는 노령연금에 더 증액하여 집중 불입하고, 그러고도 남는 돈으로는 유유자적 여행 다니며 행복한 노후를 보내려고 계획 중이지.

5장

임야 택지개발

-
-
-
-
-
-

이번에는 산골 깡촌이 신도시 지정되면 어떤 식으로 변화되는지를 아빠의 경험 사례에 비추어 간접경험 들려주련다.

머지않은 수년 내 아빠가 소유한 임야를 서민이에게 증여해 줄 계획인데, 그 땅이 이번 절에 아빠가 쓴 내용처럼 성공적으로 개발될지는 이제 서민이가 추적 관찰해보렴.

건축허가 받은
123평 임야

서민아, 앞서 출간한 책들에 쓰여있다시피 아빠는 코로나 팬데믹이 한창이던 2021년 5월에 수중의 여유자금으로 멋진 전원주택을 지을 수 있는 임야 토지를 또 매입했단다.

건축할 수 있는 본 필지는 딱 100평이고 차량 진·출입을 위한 도로 지분은 23평으로 총 123평 토지를 평당 80만 원에 매입했었지.

전원주택지 임야 전경 사진

앞서 누차 말했듯이 당시에는 초저금리 시기였기에 인플레이션이 심화하던 때라 불과 몇 개월 만에 바로 옆 필지는 평당 85만 원에 매매되었고, 또 채 1년도 지나지 않은 2022년 초반에는 호가가 평당 90만 원 이상으로 땅값이 올랐단다.

그즈음 아빠에게도 주변 공인중개사들이 평당 100만 원까지 매수자 맞춰 볼 테니 매물 내놓으라고 유혹이 있었단다. 그때까지만 해도 코로나 팬데믹 영향과 초저금리 기조에 힘입어 한창 도시 근교 경치 좋은 시골에 세컨드하우스 한 채 만들려는 수요가 꽤 많았었지.

당시 아빠는 강화도 토지를 팔 생각이 없었단다. 투자 목적도 있었지만, 그때는 정말 강화도에 터 잡고 노후를 보내려 구상 중이었기에 나중에 근사한 전원주택 지어 이사 오려고 생각했었단다. 그러다 앞에 쓴 것처럼 뜬금없이 제주도 이전이 결정되었고, 그제야 강화도 토지는 더는 소유 필요성이 없었기에 인근 405평 농지와 함께 매도하려고 공인중개사에게 매물 의뢰했었단다.

그러나 2022년 하반기부터 급작스러운 미국의 '빅스텝' 금리 인상과 코로나 팬데믹 종식으로 시골 전원주택지 매수 수요가 급감했지. 땅을 살 때 온전히 현금으로 사는 사람은 없단다. 대다수 담보대출 받아 투자 목적으로 사두는 것인데, 금리가 급작스레 대폭 올라버리니 사려는 사람은 줄어들고 팔려는 사람은 넘쳐났었지.

이러한 여파로 토지 시세가 단순히 하락하는 수준이 아니라 아예 사고자 하는 사람이 한 명도 없는 거래절벽 상황이 벌어졌단다. 제주도로 법인사옥 옮긴 후 여기 강화도 전원주택지를 가격 낮춰 평당 90만 원에 내놓았는데 2년 넘은 지금까지도 땅 보러 온다는 연락조차 없단다.

다행히 아빠는 매월 벌어들이는 현금흐름이 꽤 여유 있기에 구태여 이 땅을 급하게 안 팔아도 먹고사는데 문제없어서 그냥 가지고 있단다. 그 와중에 2023년 2월에 서민이가 지금 거주하는 42평 아파트의 분양 잔금 치를 때, 목돈이 필요했는데 아빠의 대부분 소득은 법인 명의로 벌어들이다 보니 아빠 개인이 보유한 현금이 부족해 아파트 잔금 치르기가 난처한 상황이 되었지.

그래서 생각 끝에 어차피 강화도 전원주택지 임야는 팔리지도 않으니 그냥 가지고 있다가 아빠가 나중에 자그마한 건물 지어 법인회사 정식 사무실로 쓰면 어떨까 생각하게 되었고, 비록 지금은 제주도에 법인 본사가 있지만, 천년만년 제주도에 있을 것은 아니기에 언젠가는 제주도 팔고 나올 것이고 그러면 이 경치 좋은 강화도 전원주택지에 제대로 사무실 건축하여 본점을 옮기는 것도 좋겠다 싶었단다.

입주할 아파트 잔금도 치를 겸, 아빠 개인 소유였던 이 전원주택지 임야를 아빠 법인에 평당 100만 원에 맞춰 매매했고 그렇게 확충된 자금으로 아파트 분양 잔금을 잘 치렀단다.

그래서 현재는 전원주택지 임야는 법인의 '수도권 지사 신축 예정지' 명목으로 법인 소유 재산이 되어있지.

그래도 별 상관없는 게 법인은 주주의 이익을 최우선 고려해야 하는데 아빠는 1인 법인이다 보니 모든 주식을 아빠가 100% 보유하고 있어서 법적으로도 주주의 이익에 반하는 행위가 아니기에 전혀 문제없단다. 어차피 법인의 주인이 아빠이니 법인 소유의 재산도 아빠 것인 셈이지.

이런 과정을 거쳐 강화도 전원주택지는 현재 법인회사 소유로 되어있지만, 대표이사이자 지분율 100%의 대주주로서 아빠가 강화도 농장 갈 때마다 잠깐씩 둘러보며 이상 유무 점검하고 있단다.

원래 수목이 우거져 있던 야산을 깎아서 만든 전원주택지이다 보니 수목 생장이 쉬운 토질이라 그런지, 몇 개월만 방치해도 금세 사람 키만 한 울창한 나무들로 뒤덮여 버리고 있어 고민이란다.

깔끔했던 전원주택지가 수풀로 뒤덮여 정글이 되어버리니 영 보기가 싫어 2024년 4월에는 날 잡아 굴착기 불러, 깔끔히 표면 수풀 제거도 해봤는데 불과 반년도 안되어 다시 수풀들이 잔뜩 자라나 정글을 이루고 있단다.

모든 현물자산의 가장 큰 장점은 인플레이션 때 물가 상승분만큼 자산가치도 상승하여 손해는 안 본다는 것이고, 가장 큰 단점은 현물 특성상 쉽게 매도하기 어려우며, 또한 수시로 관리의 손

길이 필요하다는 것이란다. 관리가 특별히 어려운 건 아니지만 자꾸 신경 쓰인다는 점에서 절대 쉬운 건 아니란다.

아빠가 주택, 근생, 상가, 토지 등 여러 현물자산에 투자해 본 결과 확실히 느끼는 게, 역시 투자는 바닥과 머리를 예측할 수 없으니 적당히 허리 아래면 사고, 또 적당히 어깨 정도 오르면 팔아야 한다는 것이었단다. 즉, 팔 수 있을 때 팔아야 한다는 것이지.

계속 보유하고 있으면 관리하는데 불필요한 에너지가 쓰이기 때문에 욕심부리지 말고, 적당히 이윤 나오면 빠르게 처분해야 한다는 것을 뒤늦게 깨달았단다. 이게 이번 장에서 서민이에게 들려주고 싶은 핵심 내용이란다.

경제자유구역 지정되어
택지개발 가능성

서민아, 지도를 보면 알겠지만, 강화도 땅덩이 크기는 거의 인천광역시 내륙 면적과 엇비슷할 정도로 넓단다. 하지만 섬이라는 교통 특성 및 북한과 접해있는 군사지역이라서 각종 규제에 매여있어서 강화도 주민들의 불만이 매우 많은 상황이지.

그래서 매번 선거 때마다 강화도에서는 군사지역 규제 완화와 섬 지역 교통개선을 위한 교량 추가 건설계획을 너나 할 것 없이 공약으로 내세운단다. 물론 그 공약들이 제대로 실행된 적은 별로 없지만 어쨌든 개발계획은 구상되어 있단다.

이번 장에는 아빠의 강화도 전원주택지 임야에 대한 택지개발계획 가능성을 들려주려 한다. 정확히 말하자면 현재는 아빠 땅이 아니고 아빠가 지분을 100% 소유한 법인회사 소유의 땅이지.

2000년대부터 강화 남단을 두고 매번 선거 때마다 각종 개발 공약이 난무했었단다. 1997년 김대중 대통령을 시작으로 이어진 노무현 대통령의 대북 평화 분위기에 힘입어 강화도와 파주, 연천 등 접경지역의 군사지역 규제 완화와 남북 협력 개발계획이 꽤 많이 나왔단다.

이후 보수 정권으로 바뀐 이명박~박근혜 대통령 때에도 접경지역 유권자의 선거 표를 의식해 기존의 개발계획들을 백지화하지 못하고 시기와 용도를 조금 바꿔가며 개발 공약을 내세웠지.

아빠 땅이 있는 강화도 남단 지역의 개발계획을 보자면 바이오 의료산업단지로 개발하고 교통 편의를 위해, 송도~영종~강화를 연결하는 교량 건설까지도 공약으로 내세웠단다.

또 시간이 흘러 문재인 대통령 때에는 송도~영종~강화 교량을 쭉 북한 개성까지 연결하는 서해안 평화 고속도로 계획이 나와, 우선 영종도와 신도를 연결하는 교량이 1차로 착공했고, 강화 남단은 기존의 계획을 이어받아 의료 복합 전문 지역으로 개발하겠다고 발표했었지.

다시 정권이 바뀌어 윤석열 대통령 때 이르러서도 강화 남단 교량 건설 및 택지개발에 대해서는 지역 주민 선거 표를 의식해 기존 계획을 변동 없이 추진하려는 여러 움직임을 보이고 있단다.

특히나 2024년에는 송도~영종~청라로 구성되어 있던 인천 경제자유구역 부지가 포화 상태에 이르자, 강화 남단을 비롯한 몇몇 지역을 추가로 경제자유구역으로 지정해 시골 논밭을 도시지역으로 택지개발 하려는 움직임이 크게 가속화되었지.

바로 그 강화 남단 경제자유구역 개발계획이 이번 장에서 서민이에게 들려주고픈 핵심 주제란다.

물론 반드시 진행될 것이라 장담할 수도 없고, 진행된다고 하더라도 최소 10년 이상 걸릴 장기 사업이기에 당장 특별한 변화는 없겠지만, 앞의 선례를 봤을 때 어느 정당이 집권하든 지역 주민의 선거 표심을 얻기 위해서는 결국 언젠가는 개발될 수밖에 없다고 예상한다.

여기서 중요한 점은 바로 아빠의 전원주택지 임야가 택지개발 대상 구역에 포함되어 있다는 것인데, 새로 지정하려는 경제자유구역 계획에 포함되어 있어 같이 개발될 가능성이 매우 큰 상황이란다.

아빠의 땅은 '임야'로서 말 그대로 이름 없는 야산 중턱에 있는데 대체 왜 이런 야산까지도 경제자유구역에 포함되었을까 생각해 봤지.

아빠 혼자만의 추측이지만, 강화 남단은 대부분이 벼농사 짓는 논이라서 주변 도로보다도 지대가 낮기에 도시지역으로 택지 개발하려면 많은 성토 작업이 필요할 것이란다. 즉 많은 흙이 필요하겠지.

다른 지역의 공사 현장에서 흙을 받아 성토하겠지만 그 많은 흙을 모두 멀리 떨어진 외지에서 가져오기에는 운반비용이 꽤 비싸게 들 것이란다.

강화 남단 경제자유구역 개발계획(1차)

그래서 대상 부지에 인접한 산을 하나 깎아내어 필요한 흙을 충당하려고 생각하지 않았을까 싶다. 그렇다고 마니산, 정족산, 진강산 등 이름있는 명산을 까부술 수는 없으니, 이름 없는 야트막한 야산을 고른다는 게 마침 아빠 땅이 포함된 것이었다고 추정된단다.

그럼 정말로 강화 남단 경제자유구역 지정이 실현된다면 아빠에게는 어떤 영향이 있을지 생각해 보자.

아직 이런 경험을 해본 적 없어 정확히는 모르겠지만, 정부에서 승인된다면 해당 구역의 토지는 모두 관공서에 강제 수용될 것이고, 여러 책에서 읽은 바로는 수용 토지의 면적이 건물 한 채 지을 수 없을 정도로 적은 면적이라면 그냥 시세 맞춰 현금 주어 보상하겠지만, 일정 면적 이상이면 나중에 택지조성 완료 후 도로에 접한 네모반듯한 택지를 필지 분할 하여 보상해 준다고 하더라.

다만 사업비용 충당을 위한 체비지(토지 구획 정리 사업의 시행자가 그 사업에 필요한 재원을 확보하기 위하여 환지 계획에서 제외하여 유보한 땅) 용도로 일부 면적을 떼어내고 주겠지. 어림잡아 최대 40% 면적을 체비지로 뜯긴다고 가정하면 123평의 60%인 74평을 잘 정비된 신도시 택지로 보상받는 개념이란다.

쉽게 예를 들자면 지금 서민이가 사는 송도 같은 도로 잘 정비된 신도시에 약 70평의 깔끔한 택지를 보상받게 되는 것이지. 123평의 60%인 약 70평만 보상받는다고 가정해도 도시지역 중 주거지역 기준으로 건폐율 70%에 용적률 500%로 가정하면, 최대 50평 면적의 7층짜리 건물을 지을 수 있을 테니 절대 손해가 아니란다.

손해 아닌 정도가 아니라 엄청난 이득이 될 것이지. 시골 야산의 임야가 도시 한복판의 잘 정비된 택지로 운명이 바뀔 테니 아무리 평수가 줄었어도 엄청난 이득이지.

강화 남단 경제자유구역 추가 지정 예정지

다만 언제 될 줄 모른다는 게 흠이고, 경기 안 좋으면 안 될 수도 있고, 된다고 하더라도 장기 사업이라서 언제 끝날지 알 수도 없지.

아빠 나이가 마흔 중반이니 아마도 환갑 때나 되어야 무언가 윤곽이 나오지 않을까 예상되기에, 아빠 나름대로 장래 큰 그림을 구상하고 있단다.

이거는 절대 비밀인데 혹시라도 서민이가 미리 알게 되면 성실하게 일하지 않고, 되바라지게 날라리(?)같이 살까 걱정되어 비밀에 부쳐두고 있었는데 이번 책을 빌려 아빠의 원대한 구상을 최초 공개하련다.

사람 인생이 언제 어찌 될 줄 모르는 거니 아직 확답할 수는 없지만, 아빠가 지금처럼 계속 여유 있게 돈벌이하며 살아간다는 전제하에, 강화도 405평 농지 중 필지 분할한 토지와 이곳 전원주택지 임야를 서민이에게 각각 하나씩 증여 주고자 생각 중이란다.

아빠가 독서에 눈을 뜨고 깨우침을 얻어, 2021년에 각각 11살, 10살이었던 서민이에게 당시 법적 가능 한도인 2,000만 원씩 국세청에 비과세증여 신고해 두었지.

그로부터 10년 지나 2031년이 되면 둘 다 성인이기에 각각 5,000만 원씩 추가 비과세증여가 가능하단다. 그러면 각자 총 7,000만 원이라는 목돈을 가진 꼴인데, 그 돈으로 아빠의 땅을 서민이가 매입해가는 것처럼 꾸미려 구상하고 있단다.

부동산 거래 시 시세 보다 약 70%까지는 싸게 팔아도 탈세 등 부당거래로 보지 않는다는 세무 편법을 잘 활용하면 된단다,

각각 7,000만 원 외 나머지 부족한 금액만 아빠가 증여세 약간 더 내면, 거의 세금 없이 서민이에게 근생 건축물이 포함된 농지 약 70평과 전원주택지 임야 123평을 각각 증여해 줄 수 있단다.

그 이후에 만약 아빠가 노후 자금 준비가 잘 되어있어 농지연금 따위는 필요 없다고 판단된다면 10년 더 지나 서민이에게 각각

5,000만 원의 추가 비과세증여와 1억 원의 혼인 비과세증여를 활용해 강화도 나머지 농지 330평을 너희 둘에게 공동명의로 추가 증여해주려는 큰 밑그림까지도 그려 놓고 있단다.

물론, 그 사이에 세법이 어찌 변할지 모르겠지만 그에 맞춰 적절히 합리적인 비과세증여 범위 내에서 증여해 줄 생각인데, 다만 추가로 많은 세금을 내면서까지 부동산 외 다른 재산을 증여해 줄 생각 전혀 없단다.

그때 되면 아빠 나이도 환갑이 넘어 세상을 언제 떠날지 모르는데 아무리 미리 증여했어도 현행 법령상 사망 10년 내 증여된 재산은 모두 상속으로 취급해 상속세에 추가로 내야 하기에, 그럴 거면 차라리 아빠 떠난 뒤 한 번에 상속세 내고 상속받는 게 더 절세하는 방법이라 생각된단다.

하여튼, 부동산 증여는 아빠가 살아있을 때 아빠가 공부하고 연구해서 합리적으로 처리해 두겠지만, 그 외 재산 상속은 이미 아빠가 이 세상에 없는 상황일 테니, 이에 대해서는 서민이가 먼저 책 좀 많이 읽고 공부해서 손해 보지 않도록 알아서 잘 챙기길 바란다.

차마 상속세까지 아빠가 직접 챙기기는 좀…. 그렇지 않니?

제2부

생산수단

현금흐름 만들어내는 카페 창업

-
○
○
○
○
○

이번 장은 아빠가 분양받은 9.5평 상가에서 엄마가 운영하는 커피 전문 프랜차이즈 카페 창업했던 과정을 들려주련다.

이런 경험이 흔한 게 아니니 잘 읽어보고 서민이가 혹여라도 나중에 프랜차이즈 창업을 하게 된다면 잘 참조하기를 바란다.

상가
직영 운영 제안

앞서 들려주었다시피 분양받은 신축 아파트 단지 내 상가는 애초 조합에서 책임지고 임차인을 보증금 5,000만 원에 월 임차료 217만 원으로 맞춰주겠다는 조건으로 계약했었지만, 조합에서는 결국 약속을 지키지 않았단다.

조합장은 억울하면 고소하라며 억지 부렸고, 몇 번 말해보니 대화가 안 통해서 아빠는 정신건강을 위해 스트레스받지 않으려고 그냥 빨리 대출받아 잔금 치르고 직접 임차인 맞추려 했단다.

아빠는 처음 상가 분양받을 시기에는 잔금대출이 분양가의 50% 정도밖에 안 나올 것으로 가정해, 나머지 필요한 여유자금을 차곡차곡 현금으로 모아두었는데, 막상 준공되어 은행에 잔금대출 상담받으니 아빠의 신용도가 좋다며, 원금 균등 분할 상환 등 몇 가지 추가 조건만 맞춰줄 수 있다면 최대 분양가의 80%까지 대출해 줄 수 있다는 것이었단다.

결과적으로 예상보다 대출이 잘 나와 2억 원이나 되는 여윳돈이 생긴 것이지. 애초 계획대로 분양가의 50%만 대출 나왔다면 월 임대료 낮춰서라도 어떻게든 빨리 임차인 맞추는 것 외에는 다른 선택지가 없었을 텐데, 대출 잘 나와 2억 원의 여윳돈이 생기니 선택지가 하나 더 늘어났단다.

바로 엄마가 직접 상가를 운영하는 것이었지. 그래서 엄마에게 직접 상가 운영해 볼 의향이 있는지 물었고, 의향 있다면 창업에 필요한 모든 비용을 아빠가 다 무상 지원해 주고, 상가에서 발생하는 소득은 대출이자와 상가 관리비만 엄마가 직접 내면, 그 외 남는 돈은 전부 엄마가 다 가져가라고 설득했었단다.

또한, 엄마가 상가를 운영해 돈 번다고 해서 아빠가 매달 지급해 주던 생활비는 전혀 줄이지 않고 기존의 생활비 그대로 다 줄 것이며, 상가 운영으로 바빠지는 만큼 설거지와 쓰레기 분리수거 등 간단한 집안일은 아빠가 적극적으로 분담해서 도와주겠다고 약속했단다.

아빠는 어차피 손해 볼 게 없다고 생각했어. 엄마가 제안 받아들여 상가를 직접 운영한다면 주변이 핵심 상권인 송도 학원가이니, 분식집이나 카페를 해보면 좋을 거로 생각했고, 만약 엄마가 제안 거절한다면 그냥 원래 계획대로 보증금과 차임 낮춰서 임대 내놓으면, 당장은 아니더라도 몇 개월 내 공인중개사 사무실이나 블루클럽 같은 소규모 업종으로 어떻게든 임차인 맞출 수 있을 것으로 생각했단다.

프랜차이즈
카페 창업 알아보다

　엄마가 생각 좀 해보겠다며 며칠 고민하는 것 같더니, 분식집 같은 손 많이 가는 업종은 싫다며 프랜차이즈 커피 전문점은 생각이 좀 있다고 적극적으로 알아보았지.

　마침 2024년 7월 말 송도 컨벤시아 전시장에서 카페 창업박람회가 있어, 아빠와 같이 가서 몇몇 프랜차이즈 본사 홍보직원들과 상담받았단다. 창업박람회에서 상담받으면서 개략적인 상권분석도 무료로 받을 수 있었는데 분석결과 의견이 나쁘지는 않았단다.

　우리 상가 주변의 대표적인 프랜차이즈 카페들의 평균 일 매출이 70~100만 원 수준으로 괜찮은 입지이고, 학원가이기에 오후~저녁에는 학교 마치고 학원에 가는 유동 인구가 많아 꽤 좋은 상권이라는 의견을 들었지.

카페 창업박람회 관람

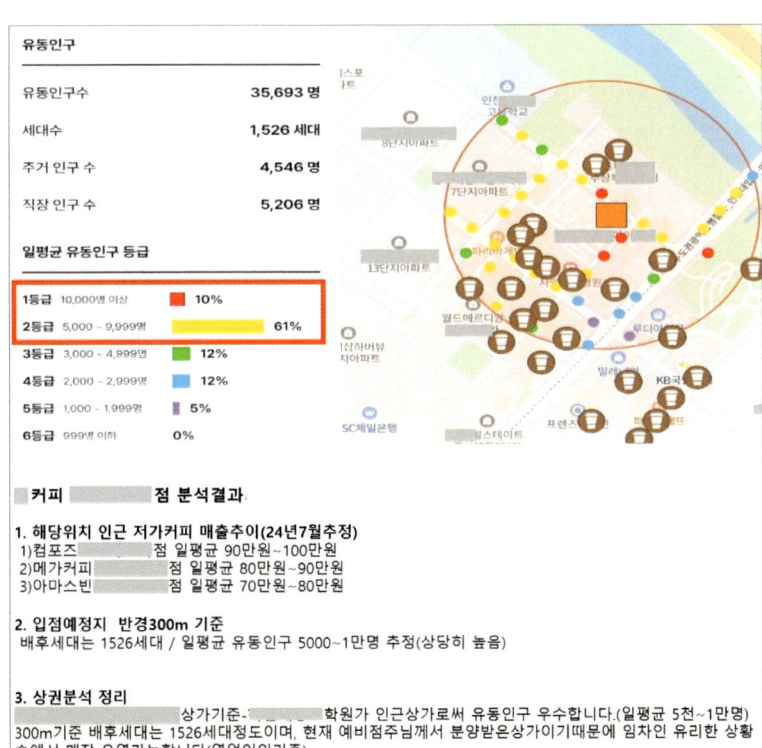

창업박람회에서의 무료 상권분석 결과

엄마는 카페 창업으로 마음 굳히고 어떤 프랜차이즈 브랜드로 결정할지 고민했지. 며칠의 숙고 끝에 당시 신생 브랜드인 '○○커피'를 프랜차이즈 카페로 결정했단다.

○○커피는 커피, 음료 외에도 팝콘, 나초, 핫도그 등의 메뉴를 집에서 넷플릭스 영화 보면서 편하게 먹을 수 있는 일명 '시네마 메뉴'와 회오리 감자, 떡볶이, 볶음밥 등 고속도로 휴게소에서 맛볼 수 있는 일명 '휴게소 메뉴'를 간식 메뉴로 특화했기에, 10~20대 젊은 사람들 입맛에 잘 맞을 것이고 또한 모든 메뉴가 본사에서 완제품으로 제조되어 배송되니, 간단히 전자레인지나 에어프라이어에 돌리면 되기에 조리도 매우 간편했단다.

포장 및 배달 판매 위주로 계획해서, 집에서 배달시켜 먹기 편한 이런 간식 메뉴가 10평도 안 되는 우리 작은 상가에 가장 적합한 업종이라 생각한 것이지

엄마가 결정 내리자 더 미룰 필요가 없어 바로 ○○커피 본사와 프랜차이즈 가맹계약을 맺고, 상가 잔금 치른 후 본격적으로 카페 창업을 준비했단다.

카페 창업에 들어간 돈은 뒷장의 표와 같이 총 1억 원 좀 넘게 들었는데, 앞서 설명한 것처럼 예상외로 상가 잔금대출이 많이 나와, 잔금 치르고도 남은 잔여 대출자금으로 모두 충당했단다.

잔금대출 금리가 약 4%였는데 매달 대출이자를 190만 원 정도 내야 한단다. 엄마가 당장 수입 생기는 것은 아니었기에 개업 후 3

개월 동안은 랜트프리 적용해 아빠가 대출이자 대신 내주었고, 그 후부터는 대출이자만큼의 월 임차료를 엄마가 번 돈으로 직접 내고 있단다.

프랜차이즈 카페 창업비용(부가세 포함)

항목		금액 (만 원)	소계 (만 원)
시설비	가맹비	300	8,839
	인테리어 공사비	4,400	
	시스템에어컨	326	
	주방기기 시설비	3,483	
	조리 교육비	330	
첫 운영비	식재료 초도 물품비	894	1,494
	첫 달 인건비, 관리비	600	
합계	-	-	10,333

랜트프리 3개월 동안은 월 대출이자 190만 원씩 총 570만 원이 생돈 나가는 것인데, 그래도 아빠가 매달 벌어들이는 현금흐름이 여유 있다 보니 충분히 감당할 수 있었단다.

카페 창업 준비

엄마가 선택한 ○○커피는 하나의 브랜드 명칭이고 프랜차이즈 회사의 정식 회사명은 따로 있단다.

기존에 다른 브랜드로 먼저 프랜차이즈 사업을 시작한 곳이기에 본사의 프랜차이즈 사업에 대한 업무 흐름과 관리가 체계적으로 잘 구성되어 있었지.

계약 후 본사에서 지정받은 건축사사무소를 통해 상가 내외부 현황 실측하여 인테리어 조감도와 설계도를 먼저 받아보고 상의했단다.

불과 9.5평으로 면적이 크지 않은 데다 ○○커피 메뉴 특성상 전자레인지와 에어프라이어 등 주방기기가 많은 공간을 차지하므로, 부득이 매장 내 테이블을 최소화해 포장과 배달 위주로 구상했단다.

인테리어 조감도 및 설계도

| 외부 정면 조감도 | 내부 평면도 |

○○커피 본사는 경험 많은 전문 프랜차이즈 기업답게 엄마에게 잘 설명해 주었고, 설계를 받아 본 후 세부 배치계획을 건축사와 상의해 일부 조정 후 디자인 확정해 인테리어 공사를 착수했지.

○○커피 브랜드 디자인의 대표 색상인 짙은 녹색과 하얀색이 잘 조합되어 아주 단순하면서도 깔끔해서 보기 좋았단다.

내부 인테리어 조감도

전문 프랜차이즈 기업이다 보니 오픈 계획 일정표도 단계별로 소요일수와 필요 서류까지 아주 체계적으로 잘 짜여 있어 엄마는 편리하게 본사의 안내에 따라 창업 준비를 할 수 있었단다.

참고로 아빠는 ○○커피 창업에는 거의 신경 쓰지 않았어. 원래 하고 있던 아빠의 사업이 바쁘기도 했고, 아빠의 나름대로 완벽주의를 지향하는 까칠한 성격상 한 번 관여하기 시작하면 간섭이 심해질 것이기에, 아빠 성격을 잘 아는 엄마는 애초에 본인이 다 알아서 할 테니 관여하지 말라고 엄포 놓았기에 구태여 관여하지 않았단다.

그리고 지나서야 하는 말이지만, ○○커피에서의 평균 한 달 순수익이 아빠의 비대면 사업의 불과 이틀 치 수익 수준이라서, 아빠 사업이 훨씬 더 중요하고 가성비 좋았기에, ○○커피 업무에 아빠가 신경 쓸 겨를도 없어서 더더욱이 관여하지 않았단다.

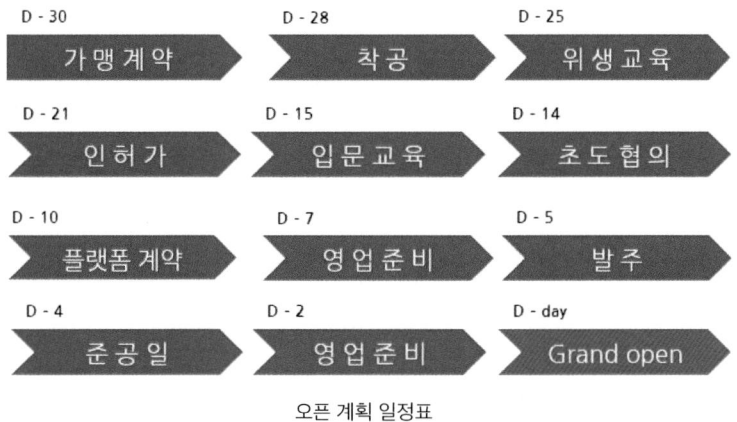

오픈 계획 일정표

카페 매출에 대해 잠깐 의견 써보자면, 카페와 같은 요식업은 전체 매출에서 재료비, 인건비, 시설비 등 매입 원가를 공제하면 순수익은 매출의 불과 20% 정도밖에 안 남는 데 반해, 아빠가 하는 비대면 지식산업은 매입 원가가 거의 없기에 매출의 근 99%가 순수익으로 남는단다.

아빠는 오직 아빠 머리에 들은 전문지식과 경험, 그리고 아빠 손가락에서 나오는 컴퓨터 활용 능력만 있으면 돈 벌 수 있는 구조이기에 밥값 외에는 딱히 원가 들어갈 일이 없는 거지.

그러니 서민이도 되도록이면 어떤 분야의 전문가가 되어, 매입 원가 필요 없이 머리로만 돈 벌 수 있는 지식산업 분야에 종사하기를 아빠는 소망한단다.

인테리어 공사 중에 딱 한 번, 아빠가 전면에 나선 적이 있었는데, 전기용량 증설 문제였단다. 대형 냉장고에 전자레인지와 에어프라이어 등 사용할 전기용품이 많다 보니 전기용량이 좀 걱정되었단다.

인테리어 업체에서는 혹여라도 나중에 전기용량 부족으로 정전될 경우, 책임 회피하기 위해 상가에 인입된 전기용량이 부족할 수 있어, 한여름에 에어컨과 주방 전기용품을 전부 가동하면 혹여 전기차단기가 떨어져 정전될 수 있다는 경고를 하였지.

엄마는 이런 분야에 대해서 지식과 경험이 전혀 없었기에 무슨 말인지도 이해하지 못하고 어려워하며 어떻게 처리해야 할지 몰라 고민하고 있었단다.

인테리어 업체 현장소장은 관리실에 전기용량을 늘려달라고 요청해 보았지만 거절당했다며, 어찌할 방법이 없다는 면피성 발언만 하고 있었지. 상황이 이러다 보니 그간 아빠의 관여를 극구 거부해 오던 엄마가 결국 아빠에게 도움을 청했단다.
현장소장 말대로라면 어떻게든 관리실과 싸워서라도 전기용량을 증설 받아내야 하는 건데, 엄마는 뭘 어찌해야 할지 모르겠다며 아빠보고 대신 나서 달라며 부탁했단다.

"신랑아, 네가 나보다 아는 것도 많고, 말도 잘하고, 목소리도 크고, 성격도 더럽고, 싸가지도 없잖아. 그러니까 이번에는 네가 좀 대신 해결해 줘!"

칭찬인지 욕인지 구분하기 어려운 간절한 엄마의 부탁을 받고 어쩔 수 없이 아빠가 전면에 나서 인테리어 공사에 처음 관여했단다.
우선 인테리어 현장소장에게 기선제압을 위해, 아빠의 기술사 4개에 공학박사 자격이 쓰여있는 법인 대표이사 명함을 문자 보내며 점주 배우자인데 전기용량 문제로 상의코자 하니 연락 달라고 했지.

곧 문자 확인한 현장소장에게 전화 왔는데 본인도 건축과 출신의 기술직이다 보니 아빠 명함에 쓰여있는 기술사 자격과 공학박사 학위에 좀 긴장했는지, 상당히 조심스럽게 한발 물러서서 답변하던데 결론은 본인은 건축 전공이라 전기는 잘 몰라서, 전기 하도급 업자에게 들은 내용 그대로 전달한 것뿐이라는 거였단다.

아빠가 직접 전기업자에게 확인해 볼 테니 연락처 알려달라 해서, 전기업자에게 전화 걸었단다.

전기업자는 앞서 현장소장에게 말했듯이 전기용량이 간당간당하여 한여름에 전기제품 전부 가동하면 전원 차단될 수도 있다며, 아파트 관리실의 전기과장에게 용량 증설 요청했으나 관리실에서 거절하여 자신은 어쩔 수 없다는 식으로 설명했지.

아빠는 토목 기술자이지 전기 전공이 아니다 보니 정확히는 이해 못 했지만, 전기업자의 어투에서 그저 혹여 나중에라도 문제가 되면 면피하려고 과장되게 부풀려 말하는 것 같다는 느낌을 강하게 받았단다.

다음으로 아파트 관리실에 직접 방문해 전기과장에게 상담 요청하며 관리실의 의견을 들었단다. 관리실 입장은 전기용량이 크게 여유 있지는 않지만 정전될 정도까지는 아니라 하더라.

일단 에어컨과 모든 전기용품을 동시에 전부 가동하는 상황도 흔치 않을 것이고, 설사 그런다 해도 전기배선을 잘 구분 지어 결선하면 전기용량 부족으로 인한 문제는 없을 것이라며, 전기업자에게도 이렇게 설명해 주고 알겠다는 동의까지 받았었는데, 왜 또 물어보느냐며 오히려 의아스러워했단다.

역시나 아빠 예상처럼 전기업자가 혹여라도 나중에 문제 되면 면피하려고, 미리 심하게 부풀려 현장소장에게 말한 거고, 현장소장은 전기를 모르니 들은 대로 엄마에게 전달한 것이었단다.

엄마 역시 이런 경험이 처음이니 어찌할 줄 모르고 우왕좌왕했던 것이지. 그래서 아빠는 확실하게 매듭짓기 위해 관리실 전기과장 앞에서 전기업자에게 다시 전화 걸었단다.

모두 들을 수 있게 스피커폰으로 해놓고 녹음까지 해두었단다. 예상했듯이 전기업자는 관리실 전기과장이 재차 설명하니 그 말에 동의하며 구분 배선만 잘해두면 정전 문제없을 것이라며 꼬리 내렸지.

그리고 녹음된 통화 내용을 인테리어 현장소장에게 들려주면서, 전기업자가 문제없다고 확인했으니 통화 내용대로 작업하시면 된다고 말했단다. 이렇게 엄마가 고민하던 전기용량 문제를 깔끔히 해결해 주었지.

인테리어 공사 중 발주자 권한으로 지적질

어쨌든 내용도 제대로 확인 안 한 현장소장이 좀 괘씸해서 혼 좀 내주려고, 공사비를 지급하는 발주자의 권한으로 현장 안전 점검하며 더 신경 써서 관리하게끔, 긴장하도록 안전관리 불량 사례 등을 몇 번 카톡으로 지적 날렸단다.

공사비 내역서에 산업안전보건관리비가 법에 맞지 않게 잘못 계상되어 있고 현장에 기본적인 안전시설도 없이 근로자는 안전 보호구도 착용하지 않고 있어, 이런 부분들 신경 써 관리하라고 현장소장뿐만 아니라 사장인 건축사에게도 지적했단다.

그 이후에는 별다른 문제나 충돌 없이 원만하게 공사가 잘 진행되었고 예정된 일정에 맞춰 깔끔히 공사 완료되었지. 아마도 아빠가 한번 나서서 현장소장과 사장에게 법령을 들이대면서 지적하니까 그 이후에는 알아서 좀 더 신경 쓴 것 같더구나.

그랜드 오픈

인테리어 공사하는 동안 엄마는 나름대로 바쁘게 여러 가지 오픈 준비를 했단다. 프랜차이즈의 가장 큰 장점은 모든 과정을 미리 가르쳐주고 잘 안내해준다는 것이지.

엄마는 먼저 ○○커피 서울 직영점에서 진행되는 3일간의 입문 교육에 다녀왔단다. 체계적으로 잘 조직된 전문 프랜차이즈 기업답게 교육 커리큘럼도 잘 구성되어 있었지.

다만, 교육 장소가 집에서 멀리 있는 서울이고 혼잡한 출퇴근 시간 때 이동해야 하니 길이 엄청나게 밀리는 어려움이 있었단다. 그래도 겨우 3일뿐이니 엄마는 꽉 밀린 도로에서의 스트레스를 참으며 3일 동안 잘 교육받고 왔단다.

그즈음 서민이의 이모가, 다니던 회사를 그만두었고 엄마와 이야기가 잘 되어 매장에 유일한 정직원이자 부점장으로서 같이 카페 운영을 도와주기로 했단다. 그래서 교육 일정 중 가장 중요한 제조 교육이 있는 둘째 날에는 이모도 같이 가서 교육받고 왔지.

구분	Day 1	Day 2	Day 3
09:00~09:10	커리큘럼 안내	오픈 교육 (포스/키오스크) (개점절차)	2차 머신 교육 (커피머신/그라인더)
09:10~09:30	브랜드 소개		
09:30~10:00	커피의 이해		위생/제조 교육 (상미기한/대용량베이스)
10:00~11:00	매뉴얼 교육 (QSC)	머신 교육 (커피머신/그라인더)	
11:00~12:00		스팀 교육	제조 교육 (디저트/베이커리)
12:00~13:00	BREAK TIME		
13:00~14:00	매뉴얼 교육 (기기)	제조 교육 (커피)	제조 교육 (야식/식사대용)
14:00~15:00	매뉴얼 교육 (포스/키오스크)	제조 교육 (라떼/찐우유)	매뉴얼 교육 (포장방법)
15:00~16:00	매뉴얼 교육 (네이버플레이스/배달플랫폼)	포스 교육 (발주/배달플랫폼)	마감 교육 (주방마감/기기마감)
16:00~17:00	인력관리 교육	제조 교육 (티/스무디)	롤플레잉
17:00~18:00	질의 응답	제조 교육 (주스/에이드)	TEST

가맹본사의 입문 교육 커리큘럼

그 후에는 본사에서 안내받은 내용대로 식품위생 분야 종사자 건강진단과 위생 관련된 전문교육도 받았단다. 식품을 만지는 사업자가 만약 전염병에 걸리거나 위생 보건에 대한 기본 지식이 없다면, 혹여 전염병이 퍼질 우려가 있기에, 이런 건강진단과 교육도 정기적으로 받아야만 영업허가가 유지되는 것이란다.

이렇듯 나름대로 복잡한 과정을 거쳐 드디어 엄마 명의로 영업신고와 사업자 등록을 완료했지. 인생은 참 어찌 변할지 아무도 모르는 것 같구나. 세상에 서민이 엄마가 사장이 되어 카페 창업하게 될 거라고 누가 상상이나 했겠니?

엄마가 개업을 준비하는 동안, 인테리어 공사는 원만히 잘 진행되어 계획대로 10월 말에 완공되었단다. 그리고 첫 영업이 11월 6일로 예정되었으니 이에 맞춰 각종 주방기기와 초도 물품을 배송받아 주방에 정리했지,

오픈 기념 특별 할인 현수막도 설치해 홍보도 했고, 개업 직전에 최종적으로 본사에서 숙련된 직원 1명이 3일간 파견 나와 엄마와 이모에게 마지막 현장교육을 해주었단다.

본사에서 파견 나온 직원은 엄청난 베테랑이라서 처음 3일간은 그 사람 덕분에 어찌어찌 오픈하고 영업할 수 있었는데, 3일이 지나 본사 직원 파견 기간이 끝나자 엄마와 이모는 아직 덜 익숙해 꽤 힘들어했단다.

조리법은 간단하나 ○○커피 메뉴 종류가 매우 다양하기에 처음 1~2주 정도는 아직 손에 익지 않아서 매번 매뉴얼 펼쳐놓고 따라 하며 조리한다고 힘들어했었는데, 한 달 정도 지나니 이제는 꽤 익숙해졌는지 일시적으로 주문이 많이 몰리는 순간 외에는 능숙하게 혼자서 잘 조리할 수 있게 되었지.

아빠와 결혼해서 17년을 전업주부로만 자유롭게 살아왔던 엄마가, 하루에 8시간을 비좁은 카페 주방에 갇혀 있다 보니 꽤 피곤했나 보더라.

카페 창업 전에는 밤에 잠 안 온다고 늘 새벽까지 TV나 웹툰 만화 보다가 힘겹게 잠들었는데, 카페 일 시작한 이후에는 일 마

치고 집에 오면 바로 곯아떨어져 떡실신하고 있단다.

○○커피 ○○학원가점 그랜드 오픈

　신체 피로가 최고의 수면제 역할을 하는 것이지. 하지만 서민아, 누누이 말하지만 같은 돈을 버는 거라면 이왕이면 몸 써서 돈 버는 것보다 머리 써서 돈 버는 것을 아빠는 더 추천한단다.

카페 매출 분석

이 부분을 쓰고 있는 시기가 2024년 12월 말인데 카페 개업한 지 두 달이 채 안 된 시기라, 앞으로 주변 상권들이 자리 잡으면 매출이 더 늘겠지만, 현재까지 영업해 본 결과를 바탕으로 매출 현황 분석해 보련다.

엄마는 아빠가 카페 운영에 관심 가지면 쓸데없이 참견한다 생각해 싫어하기에 아빠가 정확한 매출과 매입을 알 수는 없지만, 엄마와 주고받는 일상 대화를 통해 유추해 보면 아래와 같구나.

프랜차이즈 ○○커피 매출 분석 (근 2개월간 영업실적)

- 최대 일 매출액 : 약 150만 원 (금~일 주말 저녁 위주)
- 최소 일 매출액 : 약 30만 원 (폭설, 혹한 등 기상 악화 시)
- 평균 일 매출액 : 약 60만 원
- 평균 월 매출액 : 약 1,560만 원 (매주 수요일 휴무 감안)
- 평균 월 매입액 : 약 1,248만 원 (매출의 약 80% 재료비, 인건비 등)
- 평균 월 순수익 : 약 312만 원 (추정)

위 분석자료에서 알 수 있듯이 벌어들인 돈에서 재료비, 인건비 등 모든 지출을 제외하면 약 300만 원 내외로 엄마의 순수익이 남는 것 같구나. 일당으로 따져보면 순익 약 12만 원이란다.

물론 우리 상가가 신축건물로서 아직 주변에 공실이 많아 상권이 미형성되어 있기에, 앞으로 주변 상가들이 입점해 상권이 활성화되면 수익이 더 늘어날 것이지만, 최근 2개월 영업해본 현재 시점에서는 이렇단다.

엄마의 카페 소득을 아빠의 사업소득과 비교하기는 좀 민망하지만, 아빠는 심각한 최악의 건설경기 불황이었던 2024년에도 평균 월 매출액이 약 3,600만 원이었고, 게다가 아빠의 사업은 지식 콘텐츠를 제공하는 비대면 사업이기에 매입 원가 지출이 거의 없단다.

그러니 아빠는 매출 자체가 곧 순익이라 할 수 있고, 그러면 엄마의 300만 원보다 약 12배 더 많은 월 소득을 벌고 있는 셈이지.

그리고 2024년은 근 15년 만에 불어닥친 건설업계 최악의 불경기였기에 아빠 월평균 매출이 3,600만 원인 거지, 2023년만 하더라도 월평균 매출이 약 5,100만 원이었단다. 그렇게 따지면 엄마 한 달 소득과는 약 17배가 차이 난단다.

무엇보다도 아빠는 이 돈을 벌기 위해 일 하는 시간이 불과 하루 평균 약 2시간으로, 시간당 소득으로 비교해 보자면 하루 평균 8시간 일하는 엄마와는 비교 자체가 무의미하지.

그렇기에 아빠가 늘 강조하지만, 사람은 몸을 써서 돈 벌 생각하면 안 되고 머리를 써서 돈 벌 생각을 해야 하는 것이란다.

남들도 아무나 쉽게 할 수 있는 일 말고, 남들이 절대 쉬이 할 수 없는 그런 전문 업역을 찾아내어 그에 맞는 전문 자격과 학위 및 경력을 갖춰두면 이렇게 머리 써서 돈 버는 게 가능할 것이고, 그게 남들보다 월등히 높은 소득을 올릴 수 있는 핵심 비법이란다.

가족관계에도
상가 임차료를 내야 하나?

　엄마의 ○○커피 개업 후 아무래도 사업을 하려면 식자재 납품 업체 등 여러 거래처와 연락 주고받아야 할 것이기에 엄마에게도 명함이 필요하다고 생각했단다.

　요즘은 직접 만나 명함을 교환하는 경우보다는 전화 통화 후 문자메시지로 명함 교환하는 경우가 더 많기에, 구태여 종이 명함 만들기는 돈 아깝다고 생각되어 아빠가 직접 엄마(점장)와 이모(부점장)의 명함을 만들어 주었단다.
　생각해 보니 아빠가 직접 카페 운영에 관여하지는 않지만 그래도 모든 돈을 투자한 지분율 100%의 대주주이니, 아빠도 명함 정도는 가질 권리가 있다고 생각해 아빠 것도 장난삼아 하나 만들어 두었지.

○○커피 프랜차이즈 지점 대주주 명함

 이번 장에서는 상가 임차료에 대해 서민이에게 들려주려 한다. 상가 건물 소유자는 아빠이고 카페 사업주는 엄마인데, 이 경우 엄마와 아빠는 가족관계인데도 꼭 임차료를 서로 주고받아야만 하는 걸까?

 아빠는 상식적으로 생각해서 가족관계라면 어차피 하나의 경제공동체로 봐야 할 것이기에, 가족관계에는 별도로 임대차 계약이나 임차료 지급이 의미 없다고 생각했지.
 그래서 엄마가 ○○커피 사업자 등록하면, 기존의 아빠 명의의 상가 임대사업자를 폐업 신고하여 엄마의 카페 사업자만 남겨두려 했었어.

그러려는 중에 혹시 몰라, 아빠가 거래하는 세무사에게 확인차 문의했단다. 기존에 아빠 명의로 상가 임대사업자 등록해 두었는데 엄마 명의로 카페 사업자를 등록하려고 기존의 임대사업자는 폐업 신고하려는데 문제없는지?

세무사는 잠시 알아보고 연락준다 했고 잠시 후 연락받았는데, 그랬다가는 그간 상가 매입 때 환급받았던 모든 부가세 약 4,500만 원을 국세청에 반납해야 한다더라.

또한, 성실 신고 의무 위반에 해당하여 가산세도 내야 하고, 이후에도 주변 상가 시세에 맞춰 그에 해당하는 부가세를 매달 국세청에 내야 한다는 것이었지. 한마디로 그냥 세금폭탄 맞는다더라.

도대체가 경제공동체인 가족 사이에 번거로이 왜 이래야 하는지 상식적으로 이해가 안 갔는데, 세무사의 부연 설명을 들어보니 그 이유가 이해 갔단다.

결론은 간단하더라. 국가는 국민이 낸 세금으로 운영되는데 국가 입장에서는 어떻게든 세금을 많이 걷어야 유리한 것이지. 비록 나중에 환급해 돌려주더라도 일단은 최대한 많이 걷어들어야만 단순히 몇 개월 차이라도 그 기간만큼 이자 소득을 남겨 먹는 것이란다.

그러니 국세청은 아무리 가족관계라 하더라도 우선은 원칙대로 각 개인으로 구분해 세금 내라는 것이고, 그다음에 조건에 맞으면 환급해 주겠다는 견해란다.

또한, 부유층의 대표적인 탈세 형태가 부모 소유의 재산을 자녀들이 무상으로 사용하며 사업수익 창출해, 증여세도 내지 않고 자녀에게 부를 대물림 해주는 경우라 하더라.

그러니 부의 대물림을 제어하기 위해 상가 소유자와 실제 사업자가 다르면 비록 가족관계라 할지라도 임대차 계약서를 작성해 철저히 임차료 지급해야 하며, 세금계산서 발행해 국세청에 부가가치세를 꼬박꼬박 내라는 취지란다.

국가에 소속되어 살아가는 만큼 정부를 상대로 싸울 수는 없는 일이니, 아빠는 임대사업자를 그대로 유지하고 엄마로부터 매달 적정 임차료를 받아 매달 국세청에 부가세 내기로 했단다.

그래서 주변에 엇비슷한 규모의 상가 시세를 파악했고, 대략 월 200만 원 정도에 임차 시세 형성되어 있기에, 보증금 100만 원에 월 임차료 200만 원으로 형식적이나마 임대차 계약서 작성해 두었지.

그 후에는 매월 꼬박꼬박 아빠가 엄마에게 세금계산서 발행하고 월 임차료로 부가세 포함해 220만 원을 입금받아서 부가세는 국세청에 내고 있단다.

지나고 나서 보면 아빠 입장에서는 어차피 대출이자는 엄마가 내기로 약속했던 것이고, 내나 임차료가 대출이자와 엇비슷 금액이니 국세청 부가세를 핑계로 당당하게 엄마에게 매달 대출이자 낼 돈을 받아 낼 수 있어 오히려 좋았단다. 안 그랬으면 아마도 엄마가 또 몇 달 돈 주다가 말고 떼어먹으려 했겠지.

부동산임대차계약서 ☐ 전세 ☑ 월세

1. 부동산의 표시

임대인과 임차인 쌍방은 아래 표시 부동산에 관하여 다음 계약내용과 같이 임대차계약을 체결한다.

소 재 지			상가 A-119호실		
토 지	지 목	-	면 적	-	㎡
건 물	구조·용도	근린생활시설	면 적	-	㎡
임대할부분		상가 A-119호실	면 적	전용면적 30.63	㎡

2. 계약내용

제 1 조 (목적) 위 부동산의 임대차에 한하여 임대인과 임차인은 합의에 의하여 임차보증금 및 차임을 아래와 같이 지불하기로 한다.

보 증 금	금 일백만 원정 (₩ 1,000,000)
계 약 금	금 일백만 원정 (₩ 1,000,000) 원정은 계약시에 지불하고 영수함. 영수자 (박 춘 성 ㊞)
중 도 금	해당없음
잔 금	해당없음
차 임	금 이백만 원정은 (후불로) 매월 1일에 지불한다.

제 2 조 (존속기간) 임대인은 위 부동산을 임차 목적대로 사용·수익할 수 있는 상태로 <u>2024 년 10 월 14</u> 일까지 임차인에게 인도하며, 계약기간은 별도 정함이 없이 임대인과 임차인 상호 협의하여 정한다. 단 임대인과 임차인 상호 협의하여 임대차 비용 및 기간을 현실화 반영해 수시 재계약 할 수 있다.

제 3 조 (용도변경 및 전대 등) 임차인은 임대인의 동의없이 위 부동산의 용도나 구조를 변경하거나 전대·임차권 양도 또는 담보제공을 하지 못하며 임대차 목적 이외의 용도로 사용할 수 없다.

제 4 조 (계약의 해지) 임차인의 차임연체액이 3기의 차임액에 달하거나 제3조를 위반하였을 때 임대인은 즉시 본 계약을 해지 할 수 있다.

제 5 조 (계약의 종료) 임대차계약이 종료된 경우에 임차인은 위 부동산을 원상으로 회복하여 임대인에게 반환한다. 이러한 경우 임대인은 보증금을 임차인에게 반환하고, 연체 임대료 또는 손해배상금이 있을 때는 이를 제하고 그 잔액을 반환한다.

제 6 조 (계약의 해제) 임차인이 임대인에게 중도금(중도금이 없을 때는 잔금)을 지불하기 전까지, 임대인은 계약금의 배액을 상환하고, 임차인은 계약금을 포기하고 본 계약을 해제할 수 있다.

제 7 조 (채무불이행과 손해배상) 임대인 또는 임차인이 본 계약상의 내용에 대하여 불이행이 있을 경우 그 상대방은 불이행한 자에 대하여 서면으로 최고하고 계약을 해제 할 수 있다. 그리고 계약 당사자는 계약해제에 따른 손해배상을 각각 상대방에 대하여 청구할 수 있다.

특약사항: 1. 임차인은 등기사항증명서, 건축물 대장 및 현장을 확인한 후 현 시설물 상태에서 임대차한다.
2. 임대료 200만원 (부가세, 관리비 별도)
3. 임차인은 휴게음식점(카페 등) 용도로 시설 사용한다.
4. 인테리어 공사기간을 감안하여 2개월간의 차임은 면제한다. (렌트프리 2개월, 24년12월01부터 차임 지급)
5. 기타 사항은 상가임대차보호법, 민법 및 부동산 임대차계약 일반 관례에 따른다.

본 계약을 증명하기 위하여 계약 당사자가 이의 없음을 확인하고 각각 서명날인 후 임대인, 임차인은 각각 1통씩 보관한다.

2024 년 10 월 09 일

상가 임대차계약서

왜냐하면, 엄마는 칼만 안 들었지 날강도같이 상가의 모든 자산을 본인이 다 가지겠다고 우겼기 때문이란다. 아빠가 엄마를 어찌 이기겠니? 이런 법의 핑계를 둘러대어서라도 최소한 대출이자만큼이라도 받아내야 했던 거지.

개업 후 한두 달 지나서 저녁 식사 중에 엄마가 이런 말을 했단다. 일 않다가 나이 먹고 다시 일하려니 너무 피곤하다며 빡세게 2~3년만 카페 운영 후 권리금 받고 매장 넘기고 싶다고.

그래서 아빠가 화답해 주었지. 권리금에는 3가지가 있는데 바닥권리금, 영업권리금, 시설권리금이란다. 신축 상가이니 바닥권리금은 해당 없고, 영업권리금은 실제 영업한 엄마의 실적이니 엄마가 가져가는 게 맞지만, 시설권리금은 모든 비용을 아빠가 다 낸 것이니 아빠에게 돌려줘야 한다고 답했지.

엄마는 웃기지 말라며 이미 모든 시설과 설비는 본인 명의로 되어 있다고 시설권리금까지도 전부 엄마가 먹겠다고 우겼단다. 아빠는 하도 기가 차고 어이가 없어, 완전 날강도 아니냐며 차라리 칼이라도 들고 날강도짓 하라고 식칼을 가져와 엄마 손에 쥐어 주었단다.

그리고 공갈·협박 증거 사진 남기려고 사진 찍었더니 엄마는 본인이 억지 부린다는 건 아는지 잽싸게 손으로 눈 가리며 사진 지우라고 또 공갈·협박을 자행했단다.

아마도 이 책이 출간되고 혹여라도 엄마가 이 사진을 보게 된다면… 아~ 생각만 해도 아찔하다. 아빠는 또 한 번 엄마에게 생명의 위협을 받아야 할 것 같구나.

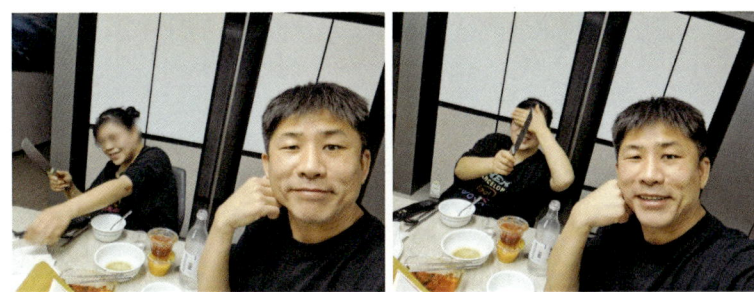

시설권리금을 강탈하려는 날강도 같은 공갈 협박

엄마의
현금흐름 생산수단

○○커피 창업으로 아빠는 정말 한결 마음 편해졌단다. 왜냐하면, 그간 우리 집의 유일한 소득원은 아빠뿐이었는데 이제는 엄마도 현금흐름을 창출할 수 있게 되었기 때문이지.

자꾸 이런 말 하면 좀 그렇지만… 그리고 절대 이런 일이 생겨서도 안 되지만… 아빠는 걱정이 있었단다. 혹여라도 아빠에게 무슨 사고가 생겨 우리 집 소득이 끊기게 되면 어떡하나 하는 두려움이지.

그로 인해 엄마와 서민이가 그간의 풍족했던 삶을 못 누리고, 심지어 생계에 지장까지 생길 우려도 있기에, 아빠가 이 세상에서 없어지더라도 우리 가족에게 안정적인 현금흐름이 생기기를 간절히 원했던 것이란다.

물론 소유한 자산을 매각하면 밥 굶지는 않겠지만, 아빠가 여러 번 언급했다시피 부동산 사는 건 쉬워도 파는 건 매우 어려우므로 쉽게 매매되지 않아 급매로 제값 받지 못하고 헐값에 팔게 될

까 걱정이란다.

　이런 아빠의 걱정이 이번에 ○○커피 카페 창업으로서 어느 정도 해소되어 마음 놓을 수 있게 되었지.

　엄마가 열심히 카페 운영하면 최소한 매월 3~400만 원은 벌 테니, 그 돈이면 그래도 최악의 경우 아빠 없이 3가족은 밥 먹고 살 수 있을 테니 말이야.

　아빠가 세상에서 없어져도 매달 들어오는 현금흐름 확보는 이제 시작 단계이고, 카페 외에도 노령연금 및 각종 공제회 등 아빠가 여러 가지 수단을 통해 추가적인 현금흐름이 확보되도록 준비해 두고 있단다.

　최소한 엄마가 살아있는 동안에는 서민이가 잘 커서 안정적으로 독립할 수 있도록 고정적으로 받을 수 있는 현금흐름을 미리 여러 개 준비해 두었지. 아빠 '짱'이지?

　대표적으로 생명보험과 노령연금과 공제, 그리고 책 인세 등인데, 보험은 누구나 다 아는 내용이기에 구태여 책에서 설명 필요 없겠고, 그 외 연금공제 등에 관해서는 쓸 내용이 많으니 뒤에 이어서 자세히 설명해 주련다.

7장

은퇴 후에도 현금흐름 만들어내는 연금/공제

이번 장의 내용은 아빠가 이만큼이나 노후 대비를 잘 준비하고 있으니, 서민이는 엄마·아빠의 노후를 전혀 걱정할 필요 없다는 것을 설명해 주려 써봤단다.

서민이는 오직 성공적으로 독립해서 스스로 잘 지낼 생각만 하면 된다. 누누이 말하지만 고등학교 졸업한 이후에는 집에 붙어있으려면 방세와 식비 내야 할 것이고, 용돈 따위도 일절 없을 것이란다.

국민연금
가능 범위 내 최대 납부

　서민이도 나중에 커서 회사에 들어가면 자동으로 국민연금에 가입되어 직장인의 경우 소득의 약 9%를 매달 내게 될 것이다. 그리고 아빠 계획으로는 특별한 변수가 없는 한, 서민이가 노후에 좀 더 여유 있게 많은 연금 받게 해주려고 너희가 성년 되자마자 우선은 지역가입자로 임의 가입시켜 주려 계획 중이란다.

　한창 젊은 나이에 생각할 때는 내 귀중한 돈을 나라에 세금으로 뜯기는 것 같아 아깝게 느껴질 수 있지만, 중년 나이를 넘어보면 그래도 국민연금이 국가에서 보장해 주는 가장 안전한 저축이라고 생각이 바뀔 것이다.

　시대 흐름에 따라 연금 낼 수 있는 젊은 인구는 점점 줄어들고 반대로 연금 받아가는 노령 인구는 늘어남으로, 아마도 머지않아 연금 수령 시기를 늦추는 등 연금 혜택이 좀 줄어들 것이라 예상되지만, 그래도 다른 민간 연금에 비하면 가장 안전하고 신뢰할 수 있는 연금제도라 생각한다.

안전성과 보장성을 믿고 국민연금에 돈 더 많이 내고 나중에 더 많이 연금 받고 싶어도, 국가에서 정해놓은 기준 이상으로는 추가 납부가 어렵단다.

그리고 소득이 높을수록 소득에 비례해 월 납부 금액은 올라가지만, 나중에 돌려받는 연금 수령액은 낸 금액에 비례하지 않고, 소득이 높을수록 낸 돈 대비 돌려받는 연금의 비율이 줄어든단다. 그렇기에 소득이 꽤 높아서 생활비 쓰고도 남아도는 여윳돈이 많지 않은 이상에는 구태여 자진해서 추가로 연금 낼 필요는 없단다.

참고로, 아빠는 월 소득이 높아서 생활비 제외하고도 남아도는 여윳돈이 충분하기에, 국민연금을 비롯한 각종 노령연금에 가능한 최대 범위로 내는 중이란다. 아빠의 현재 경제기조는 대출 선납과 가능 범위 내 노령연금 최대 납부를 아빠의 경제 운영 핵심 목표로 관리 중이지.

국민연금만 우선 놓고 봤을 때 지금 아빠 엄마가 얼마씩 내고 있고, 앞으로 얼마를 돌려받을 수 있는지를 알려주마.

아빠의 사업소득은 아빠가 무임금 대표이사이기에 월급 받는 게 없어서 별도로 국민연금 내지 않고, 급여 소득 중 교수로 소속되어있는 대학교 등 교육기관에서 매달 약 14만 원의 국민연금을 내고 있단다.

엄마는 결혼 후 직장을 그만두면서 소득 활동이 없었으니 국민연금 납부 의무가 없어 한참을 안 내다가, 아빠가 프리랜서로 독립해 경제적 여유 생긴 이후부터는 지역가입자 임의 가입 형식으로 다시 납부 시작해서 지금은 매달 약 38만 원씩 내고 있단다.

아빠 엄마의 국민연금 납부액은 둘이 합쳐 매달 약 52만 원 내고 있고, 만 60세까지 꾸준히 내면 현재가치 기준 매달 연금을 약 250만 원씩 수령할 것으로 예상된단다.

최근 통계에 의하면 여행도 다니고 문화생활도 즐기며 여유 있는 은퇴 후 삶을 즐기려면 부부 합산 매달 약 350만 원이 필요하다던데, 아빠 엄마의 국민연금 수령액은 약 250만 원 예상되니, 이 돈으로는 밥 굶지는 않겠지만 여유 있는 풍족한 은퇴 생활은 어려울 것이란다.

하지만 앞서 언급했다시피 국민연금 제도의 특수성으로 더 많이 돈 내고 싶어도 받아주지를 않으니, 어쩔 수 없이 추가로 다른 연금제도를 알아봐야 했단다.

아빠의 성격상 민간 보험회사는 별로 신뢰하지 않기에 국민연금 외에도 국가 공공기관이 운영하는 공제회 2곳에 추가로 노령연금 가입해 두었단다.

일명 '노란우산'이라고 불리는 중소벤처기업부에서 보증하는 소기업 소상공인 공제회와 과학기술정보통신부에서 보증하는 과학기술인 공제회에 추가 가입되어 있지.

국민연금과 여기 두 곳 공제회를 포함하면 나중에 노령연금 받기 위해 현재 매달 약 452만 원을 납부 중인데, 이에 대해서는 뒤이어서 자세히 설명하련다.

예상 노령연금액

	예상 노령연금액	연금 받는 시기	예상 납부보험료	예상 납부월수	예상 가입기간
세전	월 1,441,850원	2046년 3월	총 133,595,060원	총 451개월	1999년 03월 ~ 2041년 02월
세후	월 1,399,430원 (연16,793,160원)				

아빠의 국민연금 수령 예상액

예상 노령연금액

	예상 노령연금액	연금 받는 시기	예상 납부보험료	예상 납부월수	예상 가입기간
세전	월 1,057,250원	2043년 2월	총 77,759,620원	총 398개월	1996년 01월 ~ 2038년 01월
세후	월 1,043,790원 (연12,525,480원)				

엄마의 국민연금 수령 예상액

국민연금
미납 기간 자진 추가납부

앞서 설명했듯이 국민연금이 그래도 가장 신뢰할 수 있는 안전한 노령연금 제도이기에 가능하면 젊을 때 더 많은 돈을 내어, 늙어서 더 많은 연금을 받고 싶은데, 제도상 소득의 일정 비율 이상으로는 더 내기가 어렵단다.

그렇지만 일부 추가납부 가능한 사유가 있는데, 과거 성년이 된 이후부터 현재까지 국민연금 내지 않았던 시기에 대해서 나중이라도 그 기간만큼을 소급해 추가납부 할 수 있다는 것이란다.

예를 들자면 군대 복무 중에 국민연금 내지 않았던 기간이나, 또는 회사 퇴직 후 재취업하기 전까지 소득 없어 내지 않았던 기간만큼은, 나중에라도 소급 추가납부 가능하고, 그만큼 늙어서 받을 수 있는 노령연금이 증가하는 것이지.

아빠의 경우, 처음 이등병으로 군대 가서 15개월 동안은 병사로 복무하다가, 상병 때 부사관 지원하여 하사로 임관해 총 약 6년을 군 복무하다 중사 계급으로 전역했지.

간부로서 복무한 기간은 직업군인 즉, 국방부 소속 정식 9급~8급 공무원 신분이었기에 또 다른 국가연금제도인 군인연금에 의무가입 되어, 그 기간만큼은 국민연금에 추가납부가 적용되지 않는단다.

그렇지만 병사로 있었던 15개월 기간은 군인연금에 가입된 게 아니므로 국민연금에 나중에 소급해 추가납부 가능해서, 이 기간만큼 추가로 납부했단다.

엄마의 경우 아빠와 결혼 후 회사 퇴직했고 그 이후 2019년에 아빠가 경제적 여유가 생겨 다시 지역가입자로 임의 재가입시켜 주기 전까지 기간만큼은 소급해 추가납부가 가능했단다.

그래서 아빠 엄마 둘 다 국민연금을 추가납부 가능한 최대 금액을 20개월 할부로 매달 약 104만 원씩 더 내고 있고, 아마도 이 책이 출간될 즈음이면 20개월 분할납부가 모두 완납되었을 것이란다.

사랑하는 서민이에게도 앞장에 썼듯이, 아빠 계획으로는 너희가 성년이 되자마자 국민연금에 지역가입자로 임의 가입 시켜주어, 아빠보다도 더 여유 있는 노령연금을 받을 수 있도록 챙겨 줄 생각이란다.

또한, 연금과는 상관없지만, 청약저축도 가점으로 효력 인정되는 만 17세가 되면 즉시 가입시켜 주어, 나중에 서민이가 아파트 청약받으려 할 때 청약가점이 극대화될 수 있도록 챙겨주련다.

우리 서민이는 정말 아빠를 잘 만난 것 같구나. 너희들은 제발 아빠가 멀쩡히 살아있을 때, 아빠에게 이런저런 경제적 지식과 경험을 최대한 많이 물려받기를 간절히 바란단다.

부럽다 서민아. 아빠는 너희 나이 때 이렇게 챙겨주는 사람이 없었고 주변에 경제적 조언 들을 수 있는 사람조차 단 한 명도 없어서 모든 걸 아빠가 직접 알아보고 처리하느라 고생 많았었는데, 너희는 정말 복 받은 거야.

아빠 엄마의 국민연금 추가납부 현황

기술사로서
과학기술인 공제 최대 납부

 국민연금만으로는 아빠 엄마의 여유 있는 노령연금에 다소 부족함이 있기에 그 외에도 추가로 노후 자금 준비할 필요가 있었지. 앞서 말한 것처럼 아빠는 민간 보험사는 별로 신뢰하지 않기에 국가에서 보증하는 공공 제도만 알아봤단다.

 우선 과학기술정보통신부에서 보증하는 과학기술인 공제회를 설명하려는데, 국가에서 운영하는 기관의 연구원 등 과학기술 업무 종사자의 은퇴 후 복리 증진을 주목적으로 설립 운영되는 공공기관이란다.

 보통 국가에서 운영하는 연구소의 박사급 연구원들이 주 가입 대상인데, 예외로 한국기술사회에 가입된 정회원은 그 자격등급 수준이 박사급에 해당한다고 인정해 주어 가입을 받아주고 있지.

 국민연금만큼의 유리한 조건은 아니어도 민간 연금보험이나 은행 저축보다는 상당히 유리한 금리 조건이고, 또한 국가에서 보증하기에 안정성도 확보할 수 있단다.

정식 명칭은 '연금'이 아닌 '공제'이지만 퇴직 후 적립된 공제금과 복리 이자를 원하는 기간만큼 기한 설정해 분할 수령 가능한 상당히 좋은 노후 자금 제도란다.

아빠는 프리랜서로 독립한 때부터 이런 제도가 있다는 것을 알고는 있었지만, 2020년 이전에는 한창 부동산 급등 시기여서 아파트나 토지 등 부동산 투자에 집중하느라 여유자금이 없어서 가입하지 않았었단다.

그러다 정부의 부동산 규제가 심해져 더는 투자가 어려워진 2020년 5월에야 과학기술인 공제에 처음 가입했지. 처음 가입할 때는 형식적으로 겨우 월 5만 원만 냈었는데, 신규 분양받은 42평 아파트 잔금이 마무리된 2023년부터는 월 50만 원으로 증액했고, 상가 카페 창업까지 잘 처리된 2024년 11월부터는 월 200만 원까지 가능한 범위 내 최대한도로 추가 증액했지.

과학기술인 공제 역시도 국가가 보증하는 특혜제도인지라 국민연금처럼 아빠 마음대로 무한정 더 많은 돈을 낼 수는 없단다. 1인당 최대 납부 가능액이 월 200만 원이었지.

나중에 상황이 어찌 변할지는 모르겠지만 만약 20년간 월 200만 원씩 내면, 은퇴 후 30년간 분할로 수령 받는다고 가정 시 현재가치 기준으로 매달 약 266만 원을 수령 받을 것이라 예상된단다.

부부 합산으로 합쳐서 계산해 보면, 국민연금 월 250만 원에 과학기술인 공제 월 266만 원 더 수령 받으니, 이것만으로도 월 516만 원이 되어 아빠 엄마의 은퇴 후 생활비는 충분히 여유 있으리라 생각한다.

시뮬레이션			
■ 예상금액조회		■ 일시금 지급	
예상 월납입액	2,000,000 원	총 납입회차	180 회
예상 납입기간	180 개월	원금	360,000,000 원
현재나이	45 세	이자	165,592,760 원
지급이자율	4.85 % ('24.5.1. 기준 회원지급률 : 4.85%)	이자소득세	6,029,460 원
		차감지급액	519,563,300 원

- 본 내용은 실제출금일(납입일), 회원지급률 및 세율에 따라 변경될 수 있습니다.

- 연금 예상금액 조회

연금개시일	2040 년 01 월 15 일
연금개시재원	520,575,524 원 · 거치기간 이자 포함
예상수익률	4.85 % ('24.5.1. 기준 회원지급률 : 4.85%)
지급기간	30년
지급주기(연)	○1회 ○2회 ○4회 ●12회
수급방법	○체증형 ●균등형 ○체감형

* 현재 이율(4.85%) 기준 시뮬레이션이며, 회원지급률 변경 시 예상 수령액이 달라질 수 있습니다.

수령연차	지급액 (세전, 단위:원)	
	회당 지급액	연간 총 지급액
1차년도	2,657,550원	31,890,600원

과학기술인 공제 20년 납부 시 월 수령 예상액

사업자로서
노란우산 공제 최대 납부

다음으로 설명할 노령연금은 소기업 소상공인 공제란다. 아빠처럼 소규모 사업자는 월급을 받는 직장인이 아니기에 퇴직금이 별도로 없어, 정부의 중소벤처기업부에서 영세한 자영업자의 은퇴 후 생계 보호를 위해 소기업 소상공인 공제회를 운영하는데 일명 '노란우산 공제회'라고 호칭하지.

영세한 사업자들에게 비 내릴 때 빗물 막아주는 든든한 우산 같은 역할을 해주겠다고 붙인 명칭인데, 가입자가 매달 저축식으로 돈을 내면 시중 금리보다 조금 더 높은 금리와 안전성을 바탕으로 복리 저축해두었다가, 사업장 폐업 후 노령연금 방식으로 분할 수령 할 수 있게 해주는 공적 제도란다.

민간은행 저축보다 장점이 더 있는 게 우선 국가에서 보증하기에 돈 떼일 우려가 없고, 금리가 아주 높지는 않아도, 은행보다는 좋으며 복리로 계속 축적되니 이 또한 이득이고, 혹여 사업 중에 빚을 져 재산 압류당하더라도 노란우산 공제금은 소상공인의 노후를 보호해 주기 위한 목적이기에 빚쟁이들이 압류하지 못하게 법의 보호를 받는단다.

　사업자 폐업 후에는 본인이 원한다면 일시금으로 돌려받을 수도 있고 아니면 최대 20년까지로 기간 나눠 매달 연금식으로 분할 수령 할 수 있는 편리한 제도이지.
　아빠는 직장에서 퇴사하면서 사업자 등록 후 어느 정도 소득이 안정화된 2020년 4월부터 가입했는데, 그즈음에는 아파트와 토지 등 다양한 현물자산에 주로 투자하던 시기여서 월 50만 원만 내었단다.
　이후 2022년부터 사업 규모 확장해 소득이 확 늘어나자 현금흐름에 많은 여유가 생겨 2023년부터는 납부 가능 최대 금액인 월 100만 원으로 증액했단다.

　그리고 그 시기에 엄마 명의로도 사업자 등록해 노란우산 공제회에 아빠랑 같은 조건으로 가능 최대 금액인 월 100만 원을 추가 가입시켜 주었지.
　그래서 지금은 엄마와 아빠를 합쳐 매달 200만 원씩 노란우산 공제에 내고 있는데 만약 20년간 꾸준히 내어 60세가 되면, 실지급 받을 총액이 현재가치 기준으로 약 3억 3,000만 원 넘을 것이고, 이를 20년간 균등하게 분할 수령 받는다면, 매달 약 138만 원씩 노령연금을 수령할 것으로 예상된단다.

월 100만원(연 1200만원) 납입 시

납입연수	납입원금 (A)	이자 (B)	원리금 (C=A+B)	소득공제원금 (D=min(A,500만))	퇴직소득세 (E)	실지급액 (F=C-E)	소득공제 절세액 (G=D*26.4%)	순소득 (H=F+G)	절세효과 (I=G-E)
1년	12,000,000	215,540	12,215,540	5,000,000	117,312	12,098,228	1,320,000	13,418,228	1,202,688
2년	24,000,000	834,011	24,834,011	10,000,000	258,768	24,575,243	2,640,000	27,215,243	2,381,232
3년	36,000,000	1,868,892	37,868,892	15,000,000	425,093	37,443,799	3,960,000	41,403,799	3,534,907
4년	48,000,000	3,333,925	51,333,925	20,000,000	617,033	50,716,892	5,280,000	55,996,892	4,662,967
5년	60,000,000	5,248,126	65,248,126	25,000,000	835,356	64,412,770	6,600,000	71,012,770	5,764,644
6년	72,000,000	7,616,672	79,616,672	30,000,000	1,014,853	78,601,819	7,920,000	86,521,819	6,905,147
7년	84,000,000	10,459,380	94,459,380	35,000,000	1,222,341	93,237,039	9,240,000	102,477,039	8,017,659
8년	96,000,000	13,791,899	109,791,899	40,000,000	1,458,658	108,333,241	10,560,000	118,893,241	9,101,342
9년	108,000,000	17,640,500	125,640,500	45,000,000	1,724,569	123,915,631	11,880,000	135,795,631	10,155,319
10년	120,000,000	22,001,992	142,001,992	50,000,000	2,021,566	139,980,726	13,200,000	153,180,726	11,178,734
15년	180,000,000	52,290,907	232,290,907	75,000,000	3,887,205	228,403,702	19,800,000	248,203,702	15,912,795
20년	240,000,000	98,501,848	338,501,848	100,000,000	6,811,296	331,690,552	26,400,000	358,090,552	19,588,704
30년	360,000,000	250,468,219	610,468,219	150,000,000	16,883,982	593,584,237	39,600,000	633,184,237	22,716,018

아빠 엄마 각각의 노란우산 공제회 20년 납부 예상액

아빠의 노란우산 공제 수령액에 엄마 것도 합하면 2배가 되니, 은퇴 후 20년간은 매달 약 276만 원을 노란우산 공제회에서 추가 수령 받는 것이지.

앞서 설명한 국민연금과 과학기술인 공제에 노란우산 공제까지 합하면, 현재가치 기준으로 부부 합산 월 792만 원, 즉 약 800만 원의 노령연금을 매달 수령 받는 것이니, 아빠 엄마 둘이서는 충분히 여유 있고 풍족한 노년을 보낼 수 있는 돈이라 생각된다.

노란우산 공제는 최대 20년까지만 분할 수령 가능하기에 60세부터 받는다 치면 80세까지만 받을 수 있을 것인데, 만약 그 이후에도 아빠 엄마가 멀쩡히 살아있어 추가적인 노령연금이 더 필요하다면, 앞서 언급한 강화도 농지를 이용해 농지연금도 신청할 수 있을 것이고, 또한 집을 활용한 주택연금도 가능할 것이니, 서민이는 절대 아빠 엄마의 노년 걱정은 안 해도 될 것이다.

게다가 아빠가 60세 넘어서도 지금 사업을 계속하거나, 또는 엄마가 카페를 계속 운영한다면, 구태여 노령연금을 일찍 받을 필요 없으니 수령 시기 뒤로 늦춰 받으면 더 많은 금액을 더 오랫동안 수령 할 수 있을 거란다.

필요시 농지연금, 주택연금 추가 가능

현재 아빠 예상으로는 농지연금이나 주택연금은 신청 안 하더라도 충분히 여유 있는 노령연금을 확보할 수 있을 것이라 보기에, 가능하면 농지는 매각하거나 아니면 서민이에게 물려주는 방향으로 생각 중이란다. 주택 역시 아빠 엄마가 둘이서 잘 살다가 세상을 뜨게 되면 자연스레 서민이에게 물려줄 것으로 생각하고 있지.

하지만 사람 일이라는 게, 만에 하나라도 어찌 될 줄 모르는 것이기에 그럴 일은 없겠지만 '혹시나' 하는 마음에 농지연금과 주택연금에 대해서도 대비는 해두려 미리 신청 자격 갖추기 위해 준비하고 있단다. 아빠 성격이 참 꼼꼼하지?

농지연금의 경우, 이를 신청하기 위해서는 아래와 같이 자격조건을 갖춰두어야 한단다.

1) 300평(1,000㎡) 이상의 1개 필지 농지를 단독 소유
2) 5년 이상의 자경 영농경력
3) 거주 주소지가 대상 농지에서 직선거리로 30㎞ 이내

첫 번째 조건은 405평 규모 농지를 아빠 명의로 단독 소유하고 있으니 이 조건은 충족되었고 혹여 가설건축물 부분을 분필하더라도 본 순수농지는 300평 이상이 유지되도록 할 것이니 문제없을 것이란다.

두 번째 조건은 농업인으로서 5년 이상의 자경 영농경력 조건을 갖추고자, 2021년 5월부터 실제로 농지에서 고구마 농사 및 과수 묘목 40여 그루 심어놓고 아빠가 자경 중이고, 이를 증명받기 위해 농지원부 등록 및 강화남부농협 조합원 가입까지 해놓은 상태라서 2026년 5월이 넘으면 자동으로 해결될 것이란다.

세 번째 조건으로 거주지 문제인데, 현재 우리 집은 송도라서 강화도 농지에서 거리가 좀 있어 조건에 부적합하지만, 거주지 조항은 몇 년 이상 유지해야 한다는 단서 조항이 없단다. 즉 농지연금 신청하기 직전에만 아빠 주소지를 농지 인근으로 옮겨두면 될 것이고, 이에 아빠가 생각 중인 방법은 앞서 설명했듯이 농지에 있는 가설건축물을 정식 건축물로 허가받아 놓고, 농지연금 신청할 때 아빠만 전입 신고해 주소지를 이전시키는 방안이란다.

이처럼 농지연금에 대해서는 추후 필요하다면 실행 가능토록 대비해 두었고, 다음은 주택연금인데 주택연금은 조건 기준이 농지연금에 비교해 덜 까다롭단다. 그저 다른 주택 없이 적당한 시세의 아파트 한 채만 소유하고 있으면 신청할 수 있지.

농지연금까지는 몰라도 주택연금은 더더욱이 신청할 일이 없을 것 같지만, 만에 하나라도 예상치 못한 상황으로 주택연금이 필요하다면 언제든지 필요조건 맞춰놓을 수 있단다.

현재 보유 중인 자택 외 아파트 3채는 추후 전세 세입자 만기 될 때마다 전세와 매매를 같이 내놓아 아빠 은퇴하기 전에 모두 매도할 생각이고, 제주도 전원주택이나 강화도 건축물은 법적으로 주택이 아닌 근린생활시설이니 보유하고 있어도 주택연금 신청에는 전혀 문제 될 게 없단다.

이렇게 준비는 해두고 있지만 아마도 아빠 인생에 농지연금과 주택연금까지는 필요 없을 것이라 예상하고, 또한 필요 없도록 아빠가 은퇴 후 삶을 잘 준비해야겠지.

하지만 사람 일이란 게 언제 어떻게 될 줄 아무도 모르는 것이라, 이렇게 준비는 해두고 있으니 언제든 필요하다면 농지연금과 주택연금도 활용할 수 있도록 대비해 두었단다.

8장
그 외 소소한 생산수단

-
○
○
○
○
○

이번에는 사람이 소소하지만 얼마나 다양한 방법으로 돈을 벌 수 있는지를 아빠 경험에 바탕 두어 들려주려 한다.

티끌 모아 태산이라고 이런 소소한 돈들도 고정적으로 들어오도록 현금흐름 만들어 둔다면, 분명 서민이의 인생을 윤택하게 하는 데 큰 도움이 될 것으로 생각한다.

공학박사로서,
대학교수 월급 소득

아빠의 현재 주 소득은 사업소득이란다. 비율로 치자면 2024년 연말 기준으로 전체 소득의 약 87%를 차지하지. 사업소득 외에도 다양한 수입원이 더 있는데 그중 가장 큰 비중 차지하는 게 교수로서 벌어들이는 강의 소득이란다.

많은 사람이 잘못 알고 있는 게 직장인이 다른 곳에 이중 취업하면 불법으로 아는 경우가 많은데 결코 불법이 아니란다. 현행법에 이중 취업이 금지된 경우는 공무원뿐이고, 공무원이 아닌 사람이 여러 회사에 동시에 취직하는 건 엄연히 합법이지.

그런데 왜 다들 이중 취업이 안 된다고 알고 있냐면 대부분의 정상적인 회사들은 직원 채용 시 근로계약을 맺을 때, '영리 목적으로 겸직을 금지한다'라는 조항이 꼭 들어있기 때문이지.

쉽게 설명하면 공무원이 아닌 민간인의 이중 취업은 합법이기는 하지만, 회사 고용주의 동의 없이 이중 취업하면 근로계약 위반이 되므로 고용주는 계약 위반한 직원을 당당히 해고할 수 있는 거란다.

이를 반대로 해석했을 때, 근로계약 체결 시 고용주와 이중 취업 겸직에 대해 사전협의 가 이루어졌다면 이중 취업이든 삼중 취업이든 아무런 문제가 없는 것이지.

정부에서는 오히려 이런 다중 취업자들을 더 좋아할 것이란다. 왜냐하면, 여러 군데 취업한 만큼 소득이 더 높을 것이고 그만큼 세금을 더 많이 낼 것이기에 불법적인 영역만 아니라면 정부에서는 반대할 이유가 없는 거지.

따라서 아빠는 사업도 하지만 대학교 등 교육기관에 교수로 겸직하는 등 다양한 여러 수단으로 돈을 벌 수 있는 것이란다.

네이버에서 아빠 이름 세글자를 검색해 보면 나타나는 인물 정보에 아빠의 직업은 '대학교수'로 쓰여있지.

사실 아빠의 본업은 대학교수가 맞고 법인회사 대표이사는 부업일 뿐이란다. 다만 어쩌다 보니 배보다 배꼽이 더 크다고, 부업이 본업보다 소득이 훨씬 많은 것뿐이란다.

아빠는 대학교 등 몇몇 교육기관에 교수로 소속되어 있는데, 여러 교육기관 중 소득이 많은 순서로 나열하자면 첫 번째로 월급 많이 받는 곳은 국토교통부 소관 기관으로 건설기술인에게 법정 직무교육을 하는 교육기관의 교수란다.

그렇기에 아래 급여명세서처럼 전임교수로서 꼬박꼬박 월급 받으며 국민연금 등 4대 보험을 내는 것이지.

참고로, 전임교수라고 하면 일반 직장인처럼 매일 출근해서 온종일 근무해야 하는 것으로 오해할 수 있는데, 국어사전을 찾아보면 알겠지만, '전임'의 뜻은 '어떤 일을 전문적으로 맡거나 맡김'이라는 뜻일 뿐이란다.

2024년 12월분 급여명세서				
회사명: ___교육원			지급일: 2024.12.24	
성명	박춘성	생년월일(사번)	198___	(___)
부서	___교육원	직급	전임교수	
(단위: 원)				
세부내역				
구분	지급 항목	지급 금액	공제 항목	공제 금액
매월	기본급	1,956,000	국민연금	122,760
매월	직책수당	300,000	건강보험	154,240
매월	식대	200,000	고용보험	24,800
매월	직무수당	300,000	장기요양보험료	19,970
			소득세	37,310
			지방소득세	3,730

건설기술인 교육기관 전임교수로서 받는 급여명세서

즉, 전임교수는 매일 출근하지 않더라도 어떤 교과목 등 특정 업무를 전문적으로 맡고 있다면 전임교수라 할 수 있는 것이지.

아빠는 법인회사의 대표이사는 맞으나 월급을 전혀 받지 않는 무임금 대표란다. 그 이유가 어차피 여러 교육기관에 교수로 재직하고 있어 매달 안정적인 월급이 들어오기에 구태여 법인회사에서까지 월급 받을 필요가 없기 때문이지.

전임교수로서 아빠가 주로 전담하는 업무는 교육생들의 온라인

과제물을 채점하는 비대면 업무를 기본으로, 구태여 출근하지 않아도 자택에서 처리할 수 있는 업무가 대부분이란다.

과제물 채점 외에도 아빠가 원하면 언제든 대면으로 강의할 수 있는데, 대면 강의를 하면 시간당 12만 원의 강의료를 월급에 추가하여 더 받을 수 있단다. 그런데도 요즘 강의를 거의 안 하는 것은 강의 등의 대면 업무보다, 아빠의 비대면 사업이 가성비가 훨씬 좋기 때문이지.

아빠가 담당하는 강의과목은 주로 건설안전과 항만건설 및 토목공사 등 건설공사 분야란다.

코로나 팬데믹 이전에는 강의가 아빠의 주 소득원이었기에 대면 강의를 거의 매일 했었는데, 그때는 교수로서 강의료만도 매달 1,500만 원 정도 벌었었단다.

코로나 팬데믹 이후에는 일시적으로 모든 대면 강의가 중지되었는데, 그때부터 아빠가 강의를 줄이고 비대면 사업에 집중하게 되었고 그 결과 비대면으로도 월 4~5,000만 원의 여유 있는 현금흐름이 확보되어 강화도와 제주도를 오가며 지내다 보니 지금은 될 수 있으면 대면 업무는 거의 다 사양하고 있단다.

마음 같아서는 도로 꽉 막히는 서울 강남으로 통근해야 하는 대면 강의는 일절 거절하고 싶은데 명색의 전임교수가 강의를 전혀 안 하는 건 도리가 아니기에 강의 횟수를 최소한으로 줄여, 한 달에 1~2일 정도만 대면 강의하는 중이란다.

그렇기에 지금은 코로나 팬데믹 이전처럼 1~2,000만 원의 큰 월급은 받지 못하고 최소한의 기본급 정도로 월평균 250만 원 정도 급여 받고 있지. 대신 줄어든 월급 이상의 돈을 비대면 사업으로 벌어들이는 중이란다.

앞서 설명했듯이 아빠는 교육기관 전임교수로 등록되어 있지만 다른 기관에도 이중 취업할 수 있도록 협의했기에 여러 교육기관에 출강할 수 있는데, 또 다른 대표적으로 고정적인 월급 받는 곳은 대학교 객원교수 직책이란다.

아빠가 재직 중인 대학교는 정규 4년제 사이버대학교로서, 안전보건공학과에서 건설안전 및 건설시공 등의 과목을 담당하며 학부생들을 가르치고 있지.

그리고 이런 사실이 공식 입증되었기에 네이버에서 아빠 이름을 검색하면 인물 정보에 직업이 대학교수라고 나오는 것이지.

일반인들은 잘 모를 텐데 대학교수에도 급이 나뉜단다. 대표적으로 '정년 트랙(Track)'과 '비정년 트랙'으로 구분하는데, 일반 회사로 치면 정규직과 계약직 정도로 이해하면 되겠구나.

일반 회사에 정규직이 '사원-대리-과장-차장-부장' 등의 직급이 있듯이, 정년 트랙 교수는 통상 '조교수-부교수-정교수'의 직급이 있단다.

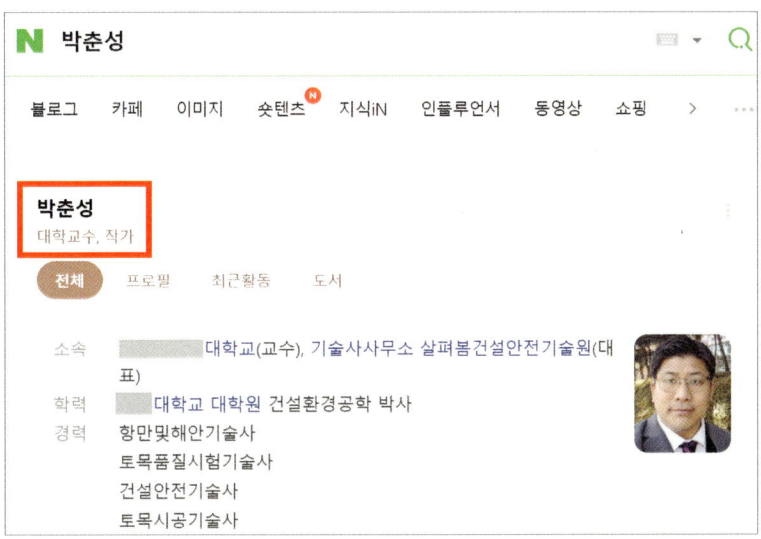

네이버 인물 정보 검색화면

회사로 치면 사원~대리 직급은 조교수, 과장~차장 직급은 부교수, 부장 직급은 정교수라 보면 이해가 쉽지.

그리고 비정년 트랙은 회사의 계약직과 비슷한데, 상대적으로 대우가 좋은 본사 계약직과 대우 열악한 현장 계약직으로 구분하듯, 비정년 트랙 교수는 겸임교수, 객원교수, 석좌교수, 산학협력중점교수 등의 교육부로부터 정식 교수요원으로 인정받으며 나름으로 처우 괜찮은 계약직 교수와 정식 교수요원으로 인정받지 못하는 처우 열악한 계약직 시간강사로 구분할 수 있단다.

계약직 교수는 그래도 교수 직함이 붙는 만큼 통상 박사 학위가 있어야 하지만, 계약직 시간강사는 말 그대로 교수가 아닌 강사로서 박사가 아니어도 강의할 수 있단다.

일반적으로 강사는 대학원 박사 과정에 재학 중인 학생이 지도교수의 배려로 용돈벌이하라고 아르바이트 개념으로 하는 경우가 많고, 아니면 전문적으로 여러 대학교에서 전업 시간강사로만 생계를 유지하는 전문 외래 강사들로 구성된단다.

예를 들자면 인문학 강사나 레크리에이션 강사 등인데 이들은 전문 학위나 자격은 구태여 필요 없기에 교육부에서 정식 교수요원으로는 인정받지는 못하는 것이란다.

시간강사라고 해서 학생들 앞에서 '강사'라고 부르면, 듣는 강사는 그다지 기분 좋아하지 않을 것이란다.

마치 하청업체를 하청업체라 부르면 기분 좋지 않기에 듣기 좋으라고 협력사 또는 파트너사라고 불러주는 것처럼, 시간강사라는 호칭보다는 듣기 좋아하라고 연구교수, 강의중점교수 등으로 호칭만 교수라고 예우해 불러주는 게 일반적인데 어쨌든 실상은 처우 열악한 시간강사란다.

아빠는 현재 4년제 대학교에서 정식 교수요원으로 인정되는 객원교수 등급으로 재직 중이고 월평균 약 72만 원의 월급을 받고 있단다. 대학교 강의료는 앞서 설명한 건설기술인 직무교육기관에 비교하자면 매우 적단다.

시급으로 환산하자면 건설기술인 교육기관은 시간당 12만 원인데 비해 대학교는 많이 주면 시간당 7만 원에서 적게 주면 3만 원 선으로 강의료가 형성되어 있지.

아빠 역시도 현재 객원교수로 재직 중인 대학교에서의 강의료를 시간으로 환산해 보면 약 4만 원이 조금 넘는단다.

객원교수 위촉 계약서

▨▨▨▨대학교 총장(이하 "갑")과 박춘성(이하 "을")은 ▨▨▨▨대학교 객원교수 위촉에 따른 계약을 아래와 같이 체결한다.

제1조(계약내용) "갑"과 "을"은 아래와 같이 객원교수 위촉에 따른 계약을 체결한다.
1. 계약기간 : 2024년 03월 01일 ~ 2025년 02월 28일 (2024학년도 1,2학기)
2. 성명 및 소속 : 박춘성, ICT공학부 안전보건공학과
3. 학기별 담당 교과목 및 강의시간

학기	담당교과목	강의시간	강의료(원)
1학기	건설시공학, 건설실무론	6	3,000,000
2학기	건설안전, 건설재료학	6	3,000,000
소계		12	6,000,000

정규 4년제 대학교 객원교수 강의료

아빠의 사업소득에 비교하면 엄청나게 적은 금액인데, 그런데도 왜 대학교수를 계속하고 있냐면 두 가지 이유가 있단다. 첫 번째로 아빠가 소속된 대학교는 온라인 사이버대학교로서 직접 대면 강의가 없어 출근할 필요가 전혀 없지.

즉, 한번 강의 영상 촬영해 두면 최소 4~5년은 그 영상을 무한 반복 활용할 수 있으니 별도로 출근하지 않고도 매달 월급 받을 수 있는 장점이 있단다.

참으로 아름답고 행복한 돈벌이 방법이지. 비록 큰돈은 아니지만 일 안 해도 매달 약 72만 원의 월급이 통장에 자동으로 꽂히니까 말이다.

두 번째 이유로는 명예 때문이란다. 일반적으로 대학교수 직함을 가지면 대다수 사람은 그 사람을 그 분야의 최고 전문가로 인정해 주는 분위기가 형성되어 있지.

사실 아빠도 이런 글 쓰는 게 좀 창피하지만 어쨌든 사업을 하려면 여기저기 명함을 주고받으며 홍보해야 하는데, 명함에 대학교수 직함이 쓰여있으면 상대방에게 더 큰 신뢰감을 줄 수 있어 영업하는 데 유리한 게 냉정한 현실이란다.

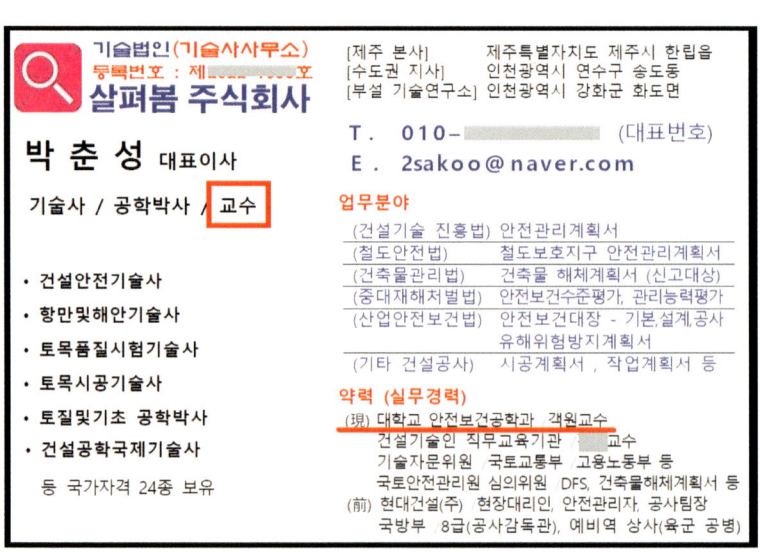

대학교수 직함 써넣은 법인회사 명함

아빠의 주 사업 분야는 건설안전 업역인데, 명함에 대학교 안전보건공학과 교수라는 직함이 쓰여있으니 명함 받는 거래처에서는, 아빠를 이 분야 최고 전문가로 인식하게 될 것이고 이처럼 확실하게 신뢰 주는 홍보 방법을 사용 안 할 필요는 없다고 생각한다.

별일 안 해도 매달 꼬박꼬박 입금되는 월급과 명함에 대학교수 직함을 새겨넣음으로 전문가로 인정받는 영업이익 때문에 아직은 대학교수로 재직하는 중이지.

다만 앞으로 잦은 대면 강의해야 한다던가, 또는 온라인 강의 영상을 전면 재촬영해야 한다는 등의 일이 생긴다면 도무지 아무리 따져봐도 사업소득에 비교해 가성비가 너무나도 안 맞는 일이기에 그때는 고민 없이 대학교수직을 때려치우련다.

기술사로서,
기업체 특강 소득

이번에는 교육기관이 아닌, 공공기관이나 민간기업 직원들을 대상으로 하는 단발성 특강 소득에 대해 써보려 한다. 나름대로 규모 있는 공공기관과 민간기업은 직원들 교육을 위해 관련 분야 전문가를 초빙하여 강의 의뢰하는 경우가 많단다.

교육업계에서는 이를 고정된 일반적인 강의가 아닌, 단발성의 특별 강의이기에 통상 '특강'이라 부르며 강의료는 일반 교육기관에서의 고정 강의보다 2~3배 정도 더 높게 책정받는단다.

쉽게 설명하면 교육기관에서 하는 강의는 강의료 기준이 정해져 있어 모든 강사가 같은 돈을 받지만 이런 기업체 특강은 강의료 기준이 없어 강사 전문성 수준에 따라 강의료를 상대적으로 더 높게 부르는 것이란다.

이런 식의 건설 업역 특강은 기술사나 박사 등급이면 시간당 20~30만 원 정도로 강의료가 형성되어 있단다. 아빠 역시도 코로나 팬데믹 이전에는 이런 기업체 특강을 많이 다녔었지.

지금은 비대면 사업 등 다양한 방법으로 더 많은 돈을 벌다 보니 구태여 오며 가며 시간 많이 빼앗기는 대면 강의는 대부분 사양하고 있단다.

예외적으로 거절하지 않고 수락하는 경우가 간혹 있는데, 일단 강의 장소가 집에서 가까워야 하고, 강의료 역시 시간당 50만 원 수준으로 맞춰주는 경우란다.

아빠가 종사하는 건설업계에서 시간당 50만 원의 강의료는 최고 높은 등급에 속한단다. 그렇기에 아빠에게 특강 의뢰 들어오면 대부분은 비싼 강의료에 그냥 의뢰를 취소하는 경우가 다반사이지.

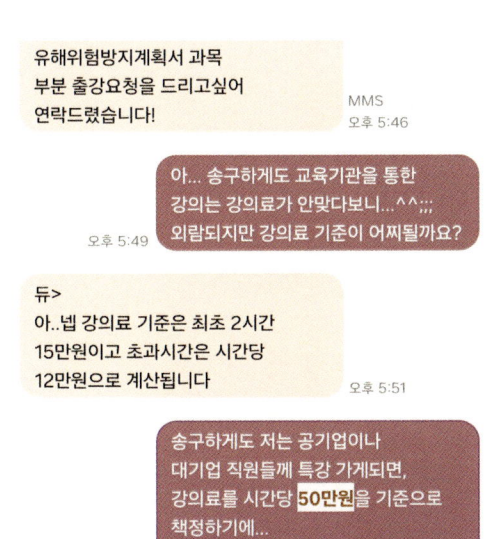

기업체 특강 - 시간당 강의료 기준

제2부 / 생산수단   197

그럼에도 간혹 몇몇 대기업에서는 아빠에게 시간당 50만 원 이상 고비용을 지급하면서까지 특강 의뢰 주는 경우도 드물기는 하지만 간혹 있단다.

지금의 아빠는 비대면 사업만으로도 충분한 소득이 있다 보니 구태여 특강에 관심 없지만, 이 정도 큰 비용을 지급하면서까지 아빠에게 특강 요청 주면 그 회사의 성의를 봐서라도 차마 거절 못 하고 참여하고 있지.

서민아, 현물 재산은 없어질 수 있단다. 강도에게 빼앗길 수도 있고, 파손되거나 잃어버릴 수도 있고, 본인이 관리 소홀히 해 탕진할 수도 있지만, 머리에 들어있는 전문가로서의 경력과 자격 및 학위 등 무형 재산 즉, 지적 자산은 결코 없어질 수 없단다.

평생 써먹을 수 있는 최고의 안전한 자산이지. 아빠는 기술사 자격과 공학박사 학위를 활용해 교수 직책을 맡고 있으며, 교수직만으로도 거의 일 안 하면서도 월 300만 원이 넘는 소득을 벌고 있지.

이렇게 유용한 자격 및 학위 등 무형 재산의 유일한 단점이라고는 현물자산처럼 후손에게 물려 줄 수가 없다는 것이란다. 왜냐하면, 아빠 머릿속에 있는 재산이니 아빠가 세상을 떠나면 서민이에게 물려주지 못하고 그대로 아빠와 함께 사라져 버리기 때문이지.

아빠 마음 같아서는 아빠의 기술사 자격과 공학박사 학위도 서민이에게 공평하게 물려주고 싶지만 그건 절대 불가능하단다. 그래서 아빠는 서민이에게 다시 한번 당부하고 싶구나.

너희들이 어느 업역으로 진로를 정할지는 모르겠지만 그 업역에서 최소 10년 이상의 실무경력을 쌓고, 그 업역에서 최고위 전문자격과 박사 학위를 꼭 취득하라고.

나이가 한 살이라도 어릴 때 할수록 더 좋단다. 머리도 잘 돌아가 공부하기도 더 쉬울 것이고, 이 무형 자산을 활용해 돈 벌 수 있는 기간도 더 늘어나기 때문이지.

전문가로서 기업체 특강 등 대면 강의

비록 자녀에게 물려줄 수 없는 단점이 있지만, 평생 없어지지 않고 안정적인 현금흐름을 만들어 낼 수 있다는 점에서 자격과 학위 등 전문가로 인정받기 위한 '자기 계발'이야말로 가장 쉽고, 빠르고, 확실한 안전 투자란다.

전문가로서,
심의/자문/점검 소득

정부 부처와 지방자치단체 등 모든 공공기관에서는 사업의 투명성을 확보하고 전문가의 의견을 반영하기 위해, 외부 전문가를 심의위원, 자문위원, 점검위원 등으로 위촉한단다. 외부 위원의 주 역할은 기술자문, 설계심의, 안전점검 등 다양한데 반드시 그 분야에서 공인받은 전문가만이 참여할 수 있단다.

공인된 전문가로 인정받는 기준은 일반적으로 해당 분야에 기술사 자격 또는 박사 학위를 소지한 사람들을 일컫는단다. 그리고 해당 분야에 기술사와 박사를 동시에 소지하고 있다면 그 사람은 누구도 반박할 수 없는 최고의 전문가로 공인되는 것이지.

이런 외부 전문가 활동은 통상 시간당 10만 원을 인건비로 지급해 준단다. 요즘 최저시급이 1만 원 조금 넘으니 전문가로 공인되면 일반인 최저시급보다 10배나 많은 돈을 벌 수 있지.

크게 힘들이지 않고 몇 마디 자문 의견 주거나, 공사 현장에 가서 산책하듯 한번 둘러본 후 점검 의견 써주는 것만으로도 시급

10만 원 정도 받을 수 있으니 꽤 가성비 좋은 소득이란다. 아빠는 코로나 팬데믹 이전에는 프리랜서 교수로서 강의 소득과 함께 외부 전문가로서 받는 심의/자문/점검 수당이 주 소득원이었지.

주 소득원이 비대면 사업으로 바뀐 지금은 이런 대면 업무는 너무도 가성비가 안 맞아 대부분 거절 중인데, 간혹 비대면으로 할 수 있는 서류검토나 서면심의 등은 간간이 참여해 용돈벌이 하고 있단다.

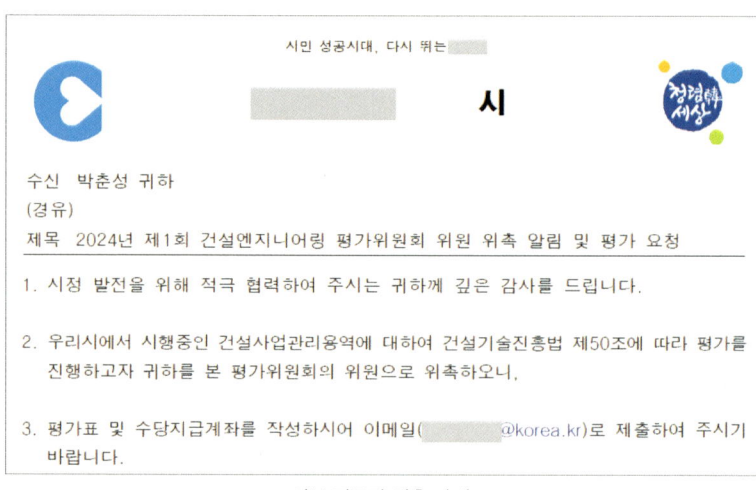

외부 전문가로서 심의 참여 수당 지급 사례

외부 전문가 위촉 사례

코로나 팬데믹 이전에 한창 대면 활동 많이 할 때는 근 100여 개 공공기관에 외부 전문가로 위촉되어 거의 매주 하루이틀은 자문/심의/점검 다녔었지, 아빠는 학·경력 및 자격조건이 월등히 뛰어나다 보니 불러주는 공공기관이 매우 많았단다.

지금은 비대면 사업에 주력하고 있지만, 나중에 이마저도 은퇴하면 그때는 간간이 일부러 먼 지역에서의 자문/심의/점검에 참여하여 전국 각지를 여행 다니는 것은 어떨까 생각하기도 한단다.

일정을 빡빡하게 잡지 않고, 수당 받은 돈으로 여행경비 충당하면 별도로 돈 들이지 않고도 전국 각지를 여행할 수 있어, 일거양득이라 할 수 있지.

서민아, 누누이 말했지만, 부디 어느 한 분야에 공인받은 전문가가 되어라. 전문가로 공인받으면 이처럼 여유 있게 놀고먹으면서도 돈 벌 방법이 많단다. 다시 한번 강조하지만, 사람은 머리로 돈 벌어야지 몸으로 돈 벌면 안 된다.

작가로서,
책 판매 인세 소득

서민아, 아빠는 이번 책까지 포함하면 총 6권 출간한 나름대로 중견 작가란다. 처음 집필한 책『새벽 4시, 꿈이 현실이 되는 시간』은 아빠가 살아온 파란만장한 삶을 꼼꼼히 기록으로 남겨두고 싶어서 썼단다.

서민이도 알다시피 아빠는 평범한 사람과는 좀 다른 특이한 삶을 살아왔지. 그 삶의 과정 중에 기억나는 일화들을 한 꼭지씩 쓰다 보니 처음 완성한 초고는 분량이 너무 많았단다.

그래서『새벽 4시, 꿈이 현실이 되는 시간』은 분량 줄이려고 시기를 구분해 아빠가 기술사 4개와 공학박사 학위를 취득 후 과감히 현대건설에 사직서 던지고 프리랜서 기술사로 독립하기까지의 내용만 우선 정리한 책이란다.

두 번째 책『새벽 4시, 연봉 2억 프리랜서가 되는 시간』은 전작에 이어서 현대건설 퇴직한 이후 세미 프리랜서 과정을 거쳐, 완전한 프리랜서로 독립한 과정을 정리했단다.

특히 건설업 전문가로서 강의, 심의, 자문 등 다양한 돈벌이 방법이 많다는 것을 깨닫고 그에 대한 경험과 지식을 총망라해, 아빠와 같이 회사 종속에서 벗어나 자유로이 독립하고 싶어 하는 사람들을 주 독자로 아빠의 경험을 들려주고자 했었지.

세 번째 책 『5도2촌, 농막 세컨드하우스 활용기』는 코로나 팬데믹 이후 우리 가족만의 프라이빗한 시골 주말농장 경험을, 즉 농지를 매입해 농막 설치하고 주말마다 강화도에 놀러 갔던 경험을 정리한 책이란다.
당시 농막 설치를 준비하면서 정보를 알아보려 도서관을 다 뒤져봤는데, 예상외로 농막에 관한 책이 단 한 권도 없었기에 이걸 소재로 책을 써보았단다.
코로나 팬데믹으로 주말농장 하려는 수요가 많을테니 책 좀 팔리지 않을까 싶어서, 농지를 매입하고 농막을 설치하는 모든 과정을 각종 자료와 함께 정리해 사람들이 간접 경험할 수 있도록 만든 책이지.

위에 언급한 책 3권은 소재도 괜찮았고 관심 있는 수요자도 좀 있어서 그럭저럭 각 2~3백만 원 정도씩, 세 권 모두 합치면 약 1,000만 원 정도의 인세 소득을 벌었단다.

초반 책 3권에 대한 누적 인세 소득 현황 - 2024년 연말 기준

1) 새벽 4시, 꿈이 현실이 되는 시간 : 3,641,440원
2) 새벽 4시, 연봉 2억 프리랜서가 되는 시간 : 2,775,570원
3) 5도2촌, 농막 세컨드하우스 활용기 : 3,115,520원

∴ 초반 집필한 책 3권 인세 소득 소계 : 9,532,530원

지금의 아빠 소득 수준에서 보면 책 인세 따위는 별 보잘것없는 극히 미미한 소득이지만, 프리랜서 초창기에 강의 등 대면 업무로만 돈 벌 수 있었던 시절에는, 별일 하지 않고도 인세가 따박따박 수십만 원씩 통장에 들어오니 무척 기분 좋았단다.

책 한번 잘 써두면 많은 돈은 아니어도 주기적으로 책 인세가 들어오는 느낌이, 마치 마르지 않는 샘물을 소유한 것 같은 느낌이었기에 기분이 참 색달랐었지.

기지급 인세

구분	지급일	회차	정산기간	지급액
종이책 (지급)	2024-10-14	19 회차	2024-07-01 ~ 2024-09-30	50,100
종이책 (지급)	2024-07-12	18 회차	2024-01-01 ~ 2024-06-30	68,700
종이책 (지급)	2024-01-12	17 회차	2023-07-01 ~ 2023-12-31	107,340
전자책 (지급)	2023-10-13	7 회차	2023-01-01 ~ 2023-09-30	54,830
종이책 (지급)	2023-07-14	16 회차	2023-04-01 ~ 2023-06-30	61,550
종이책 (지급)	2023-04-14	15 회차	2023-01-01 ~ 2023-03-31	73,000
종이책 (지급)	2023-01-13	14 회차	2022-10-01 ~ 2022-12-31	60,120
전자책 (지급)	2023-01-13	6 회차	2022-03-29 ~ 2022-12-31	57,890
종이책 (지급)	2022-10-14	13 회차	2022-07-01 ~ 2022-09-30	73,000
종이책 (지급)	2022-07-07	12 회차	2022-03-29 ~ 2022-06-30	65,840
종이책 (지급)	2022-04-14	11 회차	2021-12-29 ~ 2022-03-28	67,280
전자책 (지급)	2022-04-14	5 회차	2021-06-29 ~ 2022-03-28	60,930
종이책 (지급)	2022-01-14	10 회차	2021-09-29 ~ 2021-12-28	118,800
종이책 (지급)	2021-10-14	9 회차	2021-06-29 ~ 2021-09-28	123,090
종이책 (지급)	2021-07-14	8 회차	2021-03-29 ~ 2021-06-28	117,360
전자책 (지급)	2021-07-14	4 회차	2020-09-29 ~ 2021-06-28	54,830
종이책 (지급)	2021-04-14	7 회차	2020-12-29 ~ 2021-03-28	178,900
종이책 (지급)	2021-01-14	6 회차	2020-09-29 ~ 2020-12-28	193,220
종이책 (지급)	2020-10-14	5 회차	2020-06-29 ~ 2020-09-28	213,250
전자책 (지급)	2020-10-14	3 회차	2020-03-29 ~ 2020-09-28	140,130
종이책 (지급)	2020-07-14	4 회차	2020-03-29 ~ 2020-06-28	234,720
종이책 (지급)	2020-04-14	3 회차	2019-12-29 ~ 2020-03-28	322,020
전자책 (지급)	2020-04-14	2 회차	2019-12-29 ~ 2020-03-28	103,570
종이책 (지급)	2020-01-14	2 회차	2019-09-29 ~ 2019-12-28	462,270
전자책 (지급)	2020-01-14	1 회차	~ 2019-12-28	79,210
종이책 (지급)	2019-10-14	1 회차	~ 2019-09-28	499,490
합계				3,641,440

인세 소득 대표자료 - 새벽 4시, 꿈이 현실이 되는 시간

인세기초정보			
출간상품명	새벽 4시, 꿈이 현실이 되는 시간	ISBN	9791162998328
저자 이름	박춘성	정가	14,800
인세	20%	권당인세	2,960원
공제부수	0	발행일	2019-06-30
계약종료일	2021-08-29	자동연장	허용
저자구입률	60%	저자구입가	8,880원
전자책정가	10,500원	전자책인세	30%
은행	농협	계좌번호	
예금주	박춘성		

책 인세 지급 비율 및 1권 팔릴 때마다 지급되는 인세 기준

네 번째로 집필한 책은 아빠가 정말 진심을 갈아 넣어 만든 책인데, 지금 읽고 있는 이 책의 전작으로서, 아빠 개인적인 생각으로는 아빠가 만든 모든 책 중에 가장 많은 정성을 들여, 완성도 높게 만든 책이란다.

하지만 소재가 대중에게 좀 식상한 돈 관련 이야기이다 보니, 사람들이 흔하고 뻔한 내용이라 생각했는지 예상외로 잘 팔리지 않아서, 인세 소득이 앞의 3권에 비해 현저히 적었단다.

그래도 어쩌다 우연히 이 책을 읽어주신 몇몇 사람들이 책 속에 들어있는 아빠의 진심을 느꼈다며, 본인들의 블로그나 SNS에 아주 좋은 독서평을 올려주었지.

비록 많이 팔리지는 않았지만, 독서 전문 블로거들에게 가장 훌륭한 평가를 받은 책이란다. 그래도 아빠의 진심을 알아봐 주는 독자들이 있기에 그나마 다행이었지.

아빠가 프리랜서 독립할 때, 매년 책 한 권씩 출간하겠다는 원대한 인생 목표를 세웠었단다. 그래서 다양한 소재들을 떠오르는 대로 스마트폰에 메모해 두며 기록하고 있었지.

그렇게 메모한 소재들을 문서에 주제별로 정리해 두는 게 일상이어서 다음 책 쓸 소재가 항상 많이 쌓여있었단다. 그렇기에 아빠의 매년 책 한 권씩 출간한다는 인생 목표를 달성하기 위해 다음 해 출간할 다섯 번째 책을 바로 이어서 쓰기 시작했지.

다섯 번째 책 소재는 강화도 농장을 활용해 완전한 귀농하는 것을 목표로 하여, 농지투자와 농협 조합원이 되는 방법, 그리고 농지연금 활용하는 방법 등을 책에 쓰고 싶었단다.

책 초반부를 만들어가던 2022년 전반기에, 그즈음부터 아빠가 비대면 사업을 법인으로 전환해 본격적으로 확장하면서 확연한 가성비 차이로 책 집필에 점점 흥미를 잃어갔단다.

사업 확장으로 바빠서 책 쓸 시간도 부족했지만, 현금흐름 소득이 확 급상승하니 투입 시간 대비 인세 소득이 미미한 책 쓰기에는 가성비가 너무 안 맞아 점점 흥미를 잃어가던 것이었지.

비대면 사업으로 벌어들이는 돈에 비하면 책 인세는 정말 코흘리개 아기들 과잣값도 안 되는 돈이었기에 아빠의 시간당 몸값과 비교하면 너무나도 시간 손실이 크다고 생각했었단다.

하지만 이미 써둔 강화도 귀농에 관한 초반부 글들을 그냥 썩혀

버리기에는 아깝기도 했고, 또 그즈음 아빠가 강화도에서 제주도로 옮겨 디지털노마드로 지내고 있었는데, 이런 색다른 경험 또한 흔치 않은 소재여서 뭔가 미련이 좀 남았었지.

고민 끝에 아빠 인생의 마지막 책 집필이라 생각하고, 의무감을 가지고 마무리 지으려 완성한 책이란다.

그래서 책 주제를 급선회하여, 초반부는 이미 만들어 둔 글들을 살려서 강화도에서 농업인으로의 경험을 넣었고, 후반부는 제주도에 여행을 와 집 구한 후 화물트럭에 짐 싣고 배 타고 이사와 제주도에서 지내게 된 이야기를 합하여 완성했지.

그래서 책 제목도 『강화에서 제주까지』라고 정했었는데, 출판사의 제안으로 『프리랜서 기술사의 창조인생』으로 바꾸었단다.

이 책은 기존에 써둔 초반부를 그대로 묵혀 버리기가 너무 아까워 오기와 의무감으로 완성한 책으로, 이 책을 마지막으로 이제 아빠는 가성비 사유로 절필을 선언했었단다.

책 인세 몇 푼 되지도 않는데, 책 쓴다고 시간 들이는 게 너무도 아까워, 책 쓸 시간이면 올레길을 걷거나 한라산을 오르는 게 더 좋다고 생각했지.

그런데 기껏 절필 선언해 놓고 왜 지금 여섯 번째 책을 다시 쓰게 되었는지를 설명하련다.

절필 이후, 일 있으면 일하고 일 없으면 올레길 걷거나 책 읽으며 시간 보냈는데, 나름대로 일이 끊이지 않고 들어와 적당히 바쁘면서도 적당히 여유 있는 삶을 보내고 있었단다. 물론 돈도 계속 잘 벌었고.

이전까지 출간한 책 5권의 표지

그러다가 무능한 정부의 집권으로 2024년 봄부터 건설업계에 엄청난 불황이 시작되어 일이 점점 줄더니, 여름~가을에는 최악의 불황을 찍었단다. 거의 일이 없어서 너무나도 많은 시간이 남아돌게 되었지.

올레길 걷고 한라산 오르고 책 읽으며 노는 것도 하루이틀이지, 심각한 건설 불황으로 너무나도 일이 없다 보니 심심하기도 하고, 아무것도 안 하고 허송세월 보내는 것 같아 시간이 아까워, 그간의 변화된 아빠의 경험과 생각을 정리해 서민이에게 남겨줄 책 한 권 더 남겨보고자 결정하게 되었단다.

심각한 건설 불황으로 일이 확 줄어 소득이 반토막 나 월평균 5,000만 원에서 2,500만 원으로 줄었어도 이 또한 결코 적은 돈이 아니었기에, 이제는 책 인세 소득 따위는 신경 쓰지 않고 이 책을 서민이가 읽어주고 서민이 인생에 도움만 된다면, 그것만으로도 이 책 집필 목적은 달성될 것으로 생각해 부담 없이, 가감 없이 책을 썼단다.

끝으로 출판사에 관한 아빠 생각을 들려주련다. 책 출간에는 크게 기획출판과 자비출판으로 구분되는데, 기획출판은 출판사가 비용을 내주는 대신 권당 인세가 좀 적게 나오지.

인세를 줄여서 출판 비용을 충당한다는 개념이라 보면 되고, 확실히 잘 팔릴만한 명성 있는 유명인들에게 적용한단다. 주로 인기 작가나 연예인, 스포츠 스타 등이 대상에 해당하지.

자비출판은 말 그대로 최초 출판비(아빠의 경우, 약 200만 원)는 작가가 직접 지불하지만, 인세를 좀 높게 책정해서 이후 판매되는 인세로 출간비를 회수하는 개념이란다.

자비출판은 아빠와 같은 무명작가들이 주로 적용하는 방법이지. 출판사에서는 무명 작가에게 구태여 돈 들여가며 기획출판해 주지는 않는단다.

  무명작가는 자비출판밖에 할 수 없는 것이 현실이지만, 자비를 들인 책 출간이 결코 손해가 아니란다. 인세 비율 높으니 어느 정도 판매만 되면 출간 비용 회수되고 더 많이 팔리면 실제 인세 소득도 들어오니, 소재 괜찮고 남들이 사볼 만한 책이라면 자비 출간해서라도 책 내는 게 훨씬 이득이지.

  일단 한번 써두면 꾸준히 인세가 입금되니 이런 비근로 소득을 만들어 두는 것도 꽤 괜찮은 방법이란다.

  그리고 무엇보다 책을 집필함으로써 자신의 지난 삶을 정리해 볼 수도 있고, 책들은 작가를 평생 따라다니는 명함과 같은 역할도 해주기에, 그 사람에 대한 꽤 괜찮은 홍보 수단이 되기도 하지.

  서민이도 나중에 순수한 자기만의 경험을 바탕으로 괜찮은 소재를 찾아내어 책 한번 꼭 출간해 보기를 바란다.

블로거/유튜버로서,
광고 소득

아빠 스스로 인플루언서라고 말하기는 꽤 민망하고 많이 부족하지만 나름대로 네이버 블로거로서 약 3,400명의 이웃과 유튜버로서 약 1,200명의 구독자를 확보하고 있단다. 게다가 페이스북 친구 약 1,000명과 인스타그램 팔로워 약 300명도 아빠의 글과 사진을 매일 보고 있지.

즉 아빠가 업로드하는 게시글과 사진 및 영상이 약 6,000명에게 영향을 미치고 있는 것이지. 이렇게 사람이 몰리는 SNS에는 항상 광고 제안이 뒤따르기 마련이란다.

블로그 글이나 유튜브 영상 중간에 토막 광고 하나 넣어두면 알게 모르게 구독자들의 뇌리에 광고가 각인되고, 마침 관심 있는 분야라면 그 즉시 클릭하여 판매실적으로 연결되기도 하지.

글과 영상에 이런 토막 광고 끼워 넣는 것을 창작자인 인플루언서의 동의 없이 SNS 운영사 마음대로 할 수 있을까? 그리하면 저작권 침해 등 여러 법적 문제가 될 수 있기에 임의로 광고할 수는 없단다.

 그래서 SNS 운영사는 인플루언서의 영향력을 조회 수나 구독자 수 등으로 일정 기준을 마련해 두고, 기준에 도달하면 정식으로 광고 삽입 제안하며 이에 대한 광고료를 지급한단다.

 아빠가 현재 받는 광고 소득을 예로 설명하자면 대표적으로 네이버 애드포스트 광고 소득인데, 아빠가 올리는 블로그 게시글 중간에 네이버에서 토막 광고 링크 삽입하는 대신 아빠에게 한두 달에 한 번씩 모아서 광고료를 지급 주고 있지.

네이버 애드포스트 광고 수입 사례

비록 10만 원도 안 되는 푼돈이지만 어차피 블로그는 일기 쓰듯 취미 삼아 매일 쓰는 글인데 이렇게 다달이 돈까지 들어오니 얼마나 좋니? 그래도 우리 가족 가볍게 외식 한번 할 정도 돈은 된단다.

아빠가 현재 꾸준히 받는 광고 수익은 아직 네이버 애드포스트뿐이지만 유튜브도 이제 구독자가 1,200명에 근접해 광고 소득 가능 기준에 가까워지고 있단다. 아마도 머지않아 이 책이 정식 출간될 즈음에는, 취미 삼아 영상 올리는 유튜브에서도 광고 소득 받을 수 있을 것이라 예상한단다.

이렇듯 주변을 잘 둘러보면 번뜩이는 아이디어와 꾸준함만으로도 별로 힘들지 않고 소소한 현금흐름을 만들어내는 방법들이 여러 가지 있단다.

이제 이번 '제2부 생산수단'의 최종 결론을 정리해 보자면, 사람이 여유 있는 삶을 살려면 안정적인 현금흐름 확보가 필수인데, 현금흐름의 유형과 방법을 다양하게 소유할수록 그 사람의 삶은 더욱 여유롭고 안정성이 증대되는 것이란다.

그래서 우리 서민이는 나중에 직장인 되어서도 절대 '회사'라는 하나의 소득원에만 목매지 말고, 그 직장을 활용해 해당 분야에 10년 이상의 실무경력과 그 분야 최고위 자격 및 학위를 준비해 전문성을 극대화한 다음 프리랜서로 독립하길 바란다.

운영 중인 유튜브 화면과 수익 창출 조건

　　그리고 시대가 변하면서 돈 버는 방법도 더욱 다양해질 것인데, 불과 10여 년 전만 하더라도 일반인이 유튜브로 매달 수천만 원 벌 거라고 누가 상상이나 했겠니?

제2부 / 생산수단　　217

아빠는 근 마흔 다 되어 직장에 목메지 않는 여유로운 삶으로 독립 성공했는데, 서민이는 이 책의 내용을 습득하여 좀 더 앞당겨 서른다섯 정도에는 화려하게 독립에 성공해서, 더 빨리 자유롭고 여유로운 삶을 살아가기를 아빠는 간절히 기원한단다.

제3부

건강한 노후

노화 현상

지금의 서민이는 절대 못 느낄 생각이지만, 유전학적으로 앞으로 서민이가 아빠 나이 되었을 때 겪을 확률이 매우 높은, 아빠의 노화 현상 등 건강 관련 경험을 가감 없이 들려주려 한다.

아빠의 유전자를 50%씩 물려받은 서민이는 아빠가 경험했던 증상들이 발현될 확률이 분명 높을 테니, 이 글을 잘 참고하여 아빠처럼 이런 경험을 겪기 전에 미리 잘 관리해 아빠보다도 더욱 건강한 중년의 삶을 살기를 바란다.

2019년 (만 38세)
급성 A형 간염

서민아, 사람은 누구나 나이 먹으면 신체 기능이 노화되어 결국에는 죽음에 이른단다. 아빠도 예외일 수 없지. 언제가 맞이할 죽음을 피할 수는 없지만 그래도 건강관리를 신경 쓰면 죽기 전에 잔병치레 덜 하고 좀 더 건강하게 살다 갈 수는 있겠지.

아빠가 건강에 관심 가지게 된 첫 계기는 2019년 여름에 입원했던 급성 A형 간염부터였단다. 당시 아빠는 비록 117kg의 거구였지만 그래도 그때까지는 질병으로 병원 한 번 가본 적 없는 타고난 건강 체질이라 자신했었단다.

그러던 어느 날부터 피곤이 몰려오고 몸살감기 기운이 돌기 시작해서 약국에서 증상 말하고 몸살감기약 처방받아서 사 먹었지. 한 일주일 정도 지났는데도 증세가 나아지지 않아서 동네 의원에 가봤단다.

돌이켜보면 그 피로감과 몸살 기운이 전형적인 급성 A형 간염 초기 증세였는데 아빠는 처음 겪는 경험이다 보니 당연히 몰랐고,

수준 낮은 동네 의원에서도 제대로 진단 못 하고 단순 감기로 취급하며 쓸데없이 비싼 수액만 맞고 돌아왔단다.

결국, 그날 밤에 사달이 났지. 자다가 심각한 윗배 통증을 못 견디고 아빠가 직접 119 신고해 야밤에 구월동 대학병원 응급실에 실려 갔단다.

응급실에서 동틀 때까지 밤새도록 이것저것 각종 검사하더니, 당시 전국적으로 유행했던 급성 A형 간염 진단을 받았고 주변에 전염시킬 우려가 있다고 4인실 병동에 아빠를 혼자 격리 입원시켰지.

여기서 병원과 의사에 대한 아빠의 경험과 생각을 살짝 정리해 보고 넘어가련다. 우리가 몸이 안 좋으면 가장 먼저 찾는 동네 의원 즉, 개원의는 모두 사업자란다.

아빠가 기술사 자격으로 기술사사무소 사업하듯이 의사 면허로 의원 사업하는 것이지.

동네 의원은 간호사 월급도 줘야 하고 상가 임대료도 내야 하고 의사 본인 인건비도 챙겨야 하는데, 우리나라는 의료보험 체계가 너무나도 세세한 것까지 표준가격이 딱 정해져 있어 일반적인 의약품 및 시술로는 큰돈 벌기가 어렵다고 하더라.

사업자인 원장 입장에서는 되도록 병원에 많이 재방문하도록 유도해야 진료비 한 푼이라도 더 벌 수 있기에, 통상 3일 치 처방만 해주며 재진료받으러 오라는 것이지.

또한, 약품 및 시술 중에 간간이 표준단가가 정해지지 않은 의료보험 비급여 품목이 있는데, 이런 것들을 팔아야 동네 의원에게는 돈이 되는 것이란다. 동네의원은 되도록 비급여 항목으로 처방 많이 해야 조금이라도 돈을 더 벌 수 있는 구조이지.

급성 간염에 걸린 아빠에게 쓸데없이 비싼 비급여 수액 처방했던 것처럼 말이란다. 모든 의원이 다 이렇다는 것은 아니지만, 기본적으로 직원 월급 주고 상가 임대료 내야 하는 사업자로서는 어쩔 도리가 없단다. 의사들도 먹고살아야 하니 많은 동네 의원이 이런 시스템으로 운영된다고 봐야지.

그럼 대학병원 같은 큰 병원은 어떨까? 일단 큰 병원은 기본적으로 진료비가 더 비쌀 것이란다. 정부 입장에서는 작은 동네 의원에서도 치료할 수 있는 것을 큰 병원으로 사람들이 몰리면 정작 큰 병원에서 집중적으로 치료해야 할 중증 환자들이 제대로 치료받지 못할 테니, 기본적인 치료비를 동네 의원보다 비싸게 책정하는 것이지.

그리고 큰 병원의 의사들 즉, 봉직의는 모두 월급쟁이 직원이란다. 아무리 많은 환자를 진료해도 받는 월급은 별 차이 없기에 구태여 성심껏 친절히 진료할 필요가 없겠지.

그래서 큰 병원의 봉직의들은 대다수 무뚝뚝하고 불친절한 것이고. 친절하고 상냥한 의사들은 TV 속에나 있다고 해도 과언이 아니라 생각한다.

 또한, 대다수 의사는 혹여라도 나중에 본인에게 어떤 책임을 물을까 싶어, 항상 최악의 상황으로 가정하여 진단하는 경향이 있단다. 물론 책임지지 않으려는 심정은 이해되지만, 말이라도 예쁘게 하면 좋을 텐데 심각한 이야기를 감정 없이 툭 내던지는 경우가 많지.
 자기들은 온종일 병원에 근무하면서 중병 걸려 병원에서 생을 마감하는 사람을 수없이 보았기에, 환자나 가족들의 심정에 대해 별 공감 없이 그저 나중에 책임지지 않으려고 최악의 상황을 가정하여 마구 내뱉는 경우가 많단다.
 아빠에게도 급성 A형 간염으로 입원할 당시 내과 전문의도 아닌, 공감 능력 상실한 응급실 레지던트가 급성 간경화로 진행되면 최대 2주 내 사망할 수 있으니 마음의 준비를 하라는 등, 뚫린 입이라고 듣는 사람의 심정은 전혀 헤아리지 않고 말을 툭 툭 내뱉더라.

 돌아가신 서민이 친할아버지에게도 뇌출혈 수술해 놓고, 수일 내 사망할 확률이 95%이고 혹여 생존하더라도 몇 개월 넘기기 어렵다고 마음의 준비해 두라고 자신 있게 말해놓고는, 7년을 식물인간으로 더 사셨단다.
 어쨌든, 큰 병원은 아무래도 동네 의원보다는 의료진 전문성도 높고, 의료 설비도 더 고급 사양으로 많이 보유하고 있을 테니 진료 및 치료에 더 신뢰 가겠지만, 비싸고 불친절하고 대기시간이 길다는 단점이 있지.

그래서 결론은, 의사와 병원을 믿지 말고 평소에 책 많이 읽어 기본적인 예방의학 지식을 습득해, 건강할 때 건강이 유지되도록 스스로 관리 잘하는 것이 가장 합리적인 방법이란다.

앞서 얘기했듯 많은 의사는 항상 최악의 경우로만 말하기에 의사를 맹신하지 말고 그 의견은 참조만 하고, 최종적인 판단은 본인 스스로 내리기를 권장한다.

그러기 위해서는 기본적인 의료와 건강에 대한 지식이 있어야 하기에, 건강 관련 서적을 수시로 탐독해서 의사 의견을 참고해 스스로 판단할 수 있는 능력을 갖추기를 바란다.

또한, 의약품은 되도록 먹지 말기를 권하마. 심각한 중증이라면 어쩔 수 없이 약이나 주사 맞아야겠지만 일상적인 감기 정도로 약을 자주 사용하면 득보다 실이 더 크단다.

어떤 약이든 독성이 포함되어 있는데, 약 성분이 체내 들어오면 간에서는 약품의 독성을 해독하기 위해 많은 무리를 하는데, 약품을 과도하게 복용하면 간에 과로가 발생하여 오히려 건강에 해를 끼칠 수 있지.

아빠의 경우가 딱 그랬었단다. 가뜩이나 급성으로 간에 염증이 생긴 상태인데, 거기에 근 일주일간 종합감기약, 비타민D 등 각종

약을 처먹었으니, 그 독성을 중화시키기 위해 염증 걸린 간이 더욱 무리하여 해독작용 했기에 간염 증상이 더욱 악화한 것이었지.

 아빠가 전문적인 의학지식은 없지만, 이번 절에 다룰 몇몇 건강상의 문제 있었던 경험으로 지금은 의학 관련 서적을 수시로 읽고 있는데, 서양의학의 기본 방향은 원인 치유보다는, 당장 눈에 보이는 증상 억제에 방점이 있단다.

 예를 들어 감기 걸리면 기침이 나오는 것은 호흡기에서 감기 바이러스나 균을 체외로 배출하려는 자연스러운 인체 면역 반응인데, 이를 약물을 이용해 호흡기 반응을 둔하게 마비시키면 오히려 자연치유가 늦어지고 기침 증상이 더 오래갈 수 있지.

 다른 예로, 감기 걸리면 열이 오르는 것은 체온을 올려 바이러스를 사멸시켜 자가 치유하기 위한 반응인데, 이를 해열제 먹고 강제적으로 체온을 내리면 이 또한 자연치유가 늦어질 수 있단다.

 그렇기에 매우 심한 중증이 아니라면, 가벼운 감기 정도는 약물에 의지하지 않고 자연히 치유되도록 관리하는 것이 더 건강에 좋을 수 있단다.

 잠깐 의사와 병원에 대한 아빠 생각을 써봤는데, 다시 급성 A형 간염 이야기로 돌아가자꾸나. 다행히도 입원 후 만난 내과 전문의는 앞서 만났던 돌팔이 응급실 레지던트와는 달랐단다.

 급성 A형 간염은 특이한 몇몇 경우 외에는 대부분 1~2주 휴식

취하면 자가 치유되는 질환이라고 말하며, 실제 아빠의 경우 입원 3일 차부터 통증이 호전되면서 6일 차에는 멀쩡히 퇴원할 수 있었지.

그제까지 아빠는 늘 건강한 무쇠 체력이라 생각했었는데 나도 병에 걸려 몸져누울 수 있다는 것을 처음 경험했고, 내 체력이 이제는 예년만 못하다는 사실을 깨우치는 계기가 되었단다.

그 후 간 건강에 대해서는 1년 주기로 매년 정밀검사 받고 있는데, 다행히도 발병 1년 후 검사에서 바로 전문의의 간염 완치 소견을 받았단다.

이 일을 계기로 간에 무리가 갈 수 있는 약물 복용은 되도록 멀리하게 되었고 음주 방법도 조절했는데, 술을 아예 안 마시는 게 가장 좋겠으나 워낙 술을 좋아하고, 정기적인 간 정밀검사 결과 전혀 문제없다고 하니, 알코올양을 좀 줄여 술은 계속 즐기고 있단다.

이전에는 한 번에 소주 2~3병을 마셨다면, 이후에는 알코올 도수 낮은 맥주나 막걸리 위주로만 마시고 있는 것이지. 그리고 정기적인 간 검진 결과 건강에 문제없다니 계속 술 마시고 있는데, 만약 술로 인해 건강에 문제 된다면 언제든지 술 끊고 절주할 자신도 있단다.

소 견 서

진료카드번호	10■■■		연번호	2020-■■■	
1. 성 명	박춘성		2. 주민등록번호	8■■■■■■	
3. 주 소	인천광역시 연수구 ■■■■■■■■■ 2 (전화 : ■■■■■)				
4. 임상적병명	Hepatitis A (B15.9)				
5. 진료기간	외래	부터		까지 (총	간)
	입원	부터		까지 (총	간)
6. 병력 및 이학적 소견 (치료경과)					
7. 검사소견					
8. 진료의사의견 (환자회송사유)	2019년 7월 급성 A형 간염으로 입원치료받았으며 현재 A형 간염은 완치된 상태임.				
9. 용 도	타병원 제출용 ✔ 보험회사, 기관, 진단서 대체 등		10. 비 고		

2020 년 04 월 08 일

담당의사 면허번호 ■■■■
성명 ■■■■
의료기관주소 ■■■■

의료법인 ■■■■ 병원장

※ 본서에 본원의 직인이 없으면 무효임.

급성 A형 간염 발병 1년 후 완치 소견서

2021년 (만 40세)
노안

예전에 나이 많은 사람들을 보면 평소 안경 쓰고 있다가, 가까이서 글자 읽을 때 한 손으로 안경을 들쳐 올리는 것을 보면서 '왜 저러지?'라고 의아해했었는데, 지금 아빠가 그러고 있단다.

30대 후반부터 조금씩 증상이 있었는데 40대가 넘으면서 본격적으로 심화하였지. 초기에는 안경 맞춘 지 오래되어 그런가 싶어 여기저기 알아보니 안경의 문제가 아니라 자연스러운 안구 노화 현상이라고 하더라.

젊을 때는 멀리 있는 것을 보다가 가까이에 있는 것을 갑자기 쳐다봐도 초점이 금방 적응하여 문제없이 잘 보였던 것인데, 대략 마흔 들어서면 원거리와 근거리 초점 변화에 안구 적응이 늦어져, 멀리 있는 것을 잘 보기 위한 안경을 끼고 있다가 안경 낀 채 가까이 있는 글자를 읽으려 쳐다보면 초점이 안 맞아 흐리게 보이는 증상이라더라. 그래서 가까이 있는 글자를 읽을 때는 차라리 안경을 들쳐 올리고 맨눈으로 보는 게 더 잘 보이는 것이란다.

30대까지는 안경 안 쓰던 아빠도 나이 먹으니 시력 점점 떨어져 멀리 있는 게 잘 안 보여, 운전이나 강의 등 멀리 쳐다봐야 할 때만 안경을 쓰고 있는데, 그러다 눈 바로 앞의 스마트폰이나 책을 읽으려면 멀리 보이는 것에 맞춰있는 초점이 가까이에 있는 글자의 초점에 맞지 않아 시야가 흩어져 보인단다.

 아빠가 20대 초반까지만 해도 시력이 양쪽 모두 1.5였는데 군복무하면서 자격증 공부 많이 한다고 어두컴컴한 곳에 숨어서 책을 많이 봤더니, 중사 제대 말년에는 시력이 0.7 정도로 급격히 떨어졌단다.

 이후에도 꾸준히 조금씩 나빠져 지금은 안경 없으면 시력이 0.3 ~ 0.5 정도이고, 안경을 쓰면 1.0 정도 보이도록 교정되어 있단다.

 불과 10년 전만 해도 아빠에게 노안이 올 것이라고는 상상조차 안 해봤는데, 사람 신체는 대략 마흔을 기점으로 현격히 확 노화가 오는 것을 확연히 느끼게 되었단다.

 마흔! 옛 조선 시대만 하더라도 평균 40세 넘으면 손주보고 곧 죽을 나이었지. 얼마나 평균수명이 짧았으면 환갑인 60세까지 살아있으면 엄청나게 오래 살았다고 온 집안에서 잔치까지 벌였겠니.

 지금은 의료도 많이 발전했고 사고도 줄었기에 평균수명이 길어졌지만 그래도 과거 조상들의 유전자가 체내 있는 만큼, 사람 나이 마흔 전후로 갑자기 몸이 확 꺾이는 것 같구나.

서민이도 살다 보면 마흔이 될 텐데 아빠가 남겨준 이 책을 잘 참조해서, 아빠와 같은 안 좋은 경험을 미리 대비할 수 있도록 소중히 건강관리 잘하기를 바란다.

2022년 (만 41세)
공복혈당 장애

2019년 급성 A형 간염에 걸린 이후 아빠는 영광스럽게도(?) 국가 건강보험공단에서 중점 관리하는 간암 우려자로 분류되어 매년 2번씩 간암 국가검진의 혜택을 받게 되었단다.

완전 무료는 아니고 회 당 1~2만 원 정도 자비 부담이 있지만, 그래도 건강보험료를 2024년 기준 월 100만 원도 넘게 내는 아빠에게는 평소 병원 한 번 안 가는데 그나마 돌려받는 유일한 혜택이지.

2022년 2월, 우리 가족 제주도 여행 다녀온 후 간암 검진 안내 문자를 받고 시간 내어 동네 내과의원에서 검진받았는데, 그 결과 정작 간 상태는 건강하지만 공복혈당 수치가 좀 높게 나왔다며, 당뇨병 우려가 있으므로 정밀검사를 받아보라는 의견을 들었단다.

당뇨병이 아무리 흔한 세상이라지만 그래도 명색의 질병으로 분류되는 것인지라, 평소 건강한 돼지(?)라고 자처해 오던 아빠는 큰 정신적 충격을 받고 곧 당뇨병 정밀검사를 받았단다.

그 결과 다행히도 아직 당뇨병 확진까지는 아니지만, 발병 전 단계로서 공복혈당이 120 정도로 정상보다 높으며 당화혈색소는 6.0으로 당뇨 진단기준에 약간 못 미치는 수치였단다.

종합적으로 분석해 보면 평소 불량한 식습관으로 혈당 관리가 제대로 안 되고 있어, 아직 당뇨병까지는 아니지만 언제든 당뇨병으로 발병될 수 있는 '공복혈당 장애'라는 진단을 받았지.

앞으로 식단을 관리하지 않으면 당뇨병으로 발병되어 여러 합병증을 일으킬 수 있다고 하더라. 앞서 여러 번 언급 했지만, 아빠는 비록 살 좀 쪘지만 건강한 돼지인 줄 알았는데 공복혈당 장애라는 진단에 또 한 번 충격에 빠졌단다.

이때부터 아빠는 도서관에서 당뇨, 혈당, 대사증후군, 성인병에 관한 책 위주로 빌려다가 백 권도 넘게 독파하며 지식을 쌓았단다. 이전까지는 주로 부동산, 연금, 투자, 인문학 관련 책 위주로만 읽었는데 이 일을 계기로 주요 독서 관심사가 건강 쪽으로 확 돌아선 것이지.

책에서 습득한 지식을 바탕으로 혈당 측정기를 구매해 한동안 수시로 시간대별 혈당 변화를 측정해 봤지. 그 결과 역시 책에서 읽은 대로 당류 함량이 높은 밥-빵-면 등의 고탄수화물 식품을 섭취하면 혈당이 확 오르는 것을 직접 확인했단다.

어쩐지 30대 중반 때 현대건설 다니던 시절, 점심에 고봉밥 맛있게 잔뜩 먹고 나서도 불과 1~2시간도 지나지 않아 다시 허기져 쿠키, 사탕, 초콜릿 같은 간식거리 주워 먹고 그랬었는데, 책 읽고 돌이켜 보니 그 모든 게 혈당 스파이크 증상이었단다.

밥-빵-면 모두 곡식으로 만든 것이니 건강에 좋은 거라고 믿었는데 책을 읽으면서 엄청난 배신감을 느꼈었지. 그럼 대체 혈당 높이는 이런 고탄수화물 곡식이 어떻게 우리의 주식이 되었을까?

그냥 아빠의 추정이지만, 냉장고 등이 없어서 식량의 장기 저장이 어려웠던 옛날에는 쌀, 밀, 보리 등 곡식류가 건조만 잘해 두면 그나마 잘 썩지 않고 오랫동안 보관할 수 있어 저장 용이성 때문에 사람들의 주식이 되지 않았을까 싶구나.

공복혈당 장애 진단받은 이후에는 책에서 읽은 지식을 활용해 전반적인 식단을 확 바꾸었단다. 우선 밥-빵-면 요리는 일절 입에 넣지 않았고 두부, 육류, 채소 위주로만 식단을 구성했지.

군것질도 과자, 사탕, 껌 등 당류가 포함된 식품은 일절 안 먹고 정말 입이 심심하면 호두, 아몬드, 땅콩 등 당류 함유량 0%인 견과류로 대체했단다.

지나고 나서 이제야 터놓고 글 쓰지만, 그때는 서민이 엄마에게 매우 야속한 감정을 느꼈단다. 신랑이 이렇게 공복혈당 장애 걸리도록 잘못된 식단을 먹인 것도 모자라, 그 이후에도 식단 개선에 그리 신경 써주지 않았었지.

그래도 전에 먹던 식단보다는 두부나 달걀 등 단백질 반찬이 조금 늘기는 했지만, 매번 쌀밥 위주의 주식은 변함없었어. 엄마로서는 아빠가 책 읽어 습득한 건강 관련 지식도 없는 상태에서 아빠 혼자만 특이한 식단을 요구하니, 아빠 것만 따로 차리기가 번거롭고 피곤했겠지.

아마도 별것도 아닌 흔한 당뇨병으로 아빠가 유난 떤다고 생각했던 것 아닌가 싶구나. 엄마에게 신랑이 당뇨병 전 단계 진단받았는데도 왜 이렇게 무신경하냐고 몇 번 싫은 소리도 했었지.

그런데도 별로 달라진 것 없었고 서로 스트레스만 쌓이다 보니 이후에는 그냥 아빠 스스로 건강 식단을 찾아다가 차려 먹기 시작했단다.

식단을 확 바꾼 이후, 아빠 체중이 대폭 줄어들고 건강이 좋아지자 엄마도 그제야 식단에 조금 신경 쓰면서 지금은 쌀밥을 조금 덜 먹고는 있단다. 하지만 라면, 빵, 분식 등 야식은 여전히 챙겨 먹고 있기에 좀 걱정이 된다.

주로 아빠의 주식은 두부, 생선, 육류, 채소인데 2022년 초반 그 시기가 아빠의 비대면 사업으로 소득이 확연히 증가하던 시기였던지라, 완벽한 식단관리를 위해, 아예 아빠 혼자 강화도 농장에 들어가 2~3일씩 틀어박혀 집중 식단관리를 하기로 마음먹었지.

농장 내 가설건축물에 노트북 들고 가 업무 보면서 운동도 하고 두부, 채소, 고기, 회 등 당류가 없는 식단으로만 엄격히 관리하니 아빠의 체중이 더욱 급속도로 줄어들기 시작했단다.

정말 신기하게도 아빠가 끼니 거르며 덜 먹은 것도 아니고 밥-빵-면 등 당류가 과다한 음식만 피했을 뿐인데, 2022년 3월부터 몇개월 동안은 매달 4~5kg씩 체중이 확 줄어들어 몸매가 날씬해져서 정말 기분 좋았단다.

공복혈당 장애 진단받은 2022년 2월 때 체중이 최대 117kg이었는데 식단관리 후 불과 3개월 만에 10kg 넘게 줄었기에, 강화도에서 아빠 혼자만의 시간을 보내는 게 확실히 효과 있었다고 판단했지.

그래서 앞으로 좀 더 엄마와 떨어져서 아빠 혼자만의 시간을 보내며 식단관리 할 수 있는 방법을 생각하게 되었단다. 그 결과가 앞서 쭉 써놓은 제주도 법인사옥으로의 이전이었던 것이지.

제주도로 옮긴 이후에는 더욱더 오랜 시간 아빠 스스로 식단을 조절할 수 있다 보니 책에서 읽은 간헐적 단식 요법도 적용해 보았단다. 그때가 2022년 10월 정도였는데, 그때까지는 당류가 함유된 식품은 제한했었지만, 하루 세끼 매 끼니는 꼬박꼬박 챙겨 먹었는데, 건강 관련 책을 많이 읽다 보니 장시간 공복 유지가 오히려 건강에 도움이 된다기에 간헐적 단식에 도전해 보기로 했단다.

처음에는 끼니 하나 건너뛰면 엄청나게 배고파할 줄 알았는데 막상 한 끼 건너뛰어 보니 예상외로 별 무리가 없어, 아예 매일 아침 식사는 건너뛰는 것으로 생활 습관을 바꿨지.

그래서 2022년 10월부터 지금까지도 매일 아침 식사는 건너뛰어 11시에 첫 끼를 먹고 18시 이전에 두 번째 식사를 마친 후, 17시간 정도는 공복 유지하는 간헐적 단식을 아예 일상화시켰단다.

가끔 강의 등 외부 일정 있을 때는 11시 식사도 건너뛰고 저녁에 한 끼만 식사하는 24시간 단식도 한 달에 하루이틀 정도 적용 중이란다.

그 결과, 공복혈당 장애 진단받은 1년 만에 체중이 117kg에서 35kg 감량해서 81.5kg까지 최저 기록 경신했고, 2024년 이후로는 식단에 약간 여유를 주어 즐겨 먹지는 않지만, 서민이나 엄마가 밥-빵-면 먹을 때, 가끔 한 젓가락씩 맛 좀 보면서 즐기고 있단다.

그래서인지 다시 조금 체중 늘어 현재는 2년 넘도록 85kg±2kg 수준으로 체중을 쭉 유지하고 있지. 단순히 체중만 관리하는 게 아니라 혈당 변화도 꾸준히 관찰하고 있단다.

일주일에 하루 정도씩 날 잡아 1시간 간격으로 혈당 변화를 계측 관리해 보니 비록 아직은 공복혈당은 조금 높지만, 식단 조절 덕분에 전반적인 식후 혈당은 매우 안전하게 관리되고 있지.

또한, 반년 주기로 간암 국가검진 때마다 추가 비용 내면서까지 당화혈색소 검사를 같이 받고 있는데, 2022년에는 6.0이었던 수치가 2024년에는 4.7로 줄어 당뇨병 지표에서 완전히 벗어난 건강 체질로 변했다고 할 수 있단다.

식단관리 후 혈당 변화 계측 사례 - 2024. 1. 19.

시간	혈당	혈당 측정 후 활동 (물 취식은 미기록)
전날 20시	-	수면 (10시간 공복)
기상 직후 (3시 반)	105	세수, 체조
4시	122	커피(카누) 1잔
5시	120	커피(카누) 1잔
6시	119	-
7시	108	운동 (10km 러닝)
8시	110	샤워
9시	111	녹차 1잔
10시	107	사과 1개
11시	134	현미밥, 청국장, 김치, 나물 반찬
12시	111	-
13시	96	호두 한 줌, 맥주 1캔
14시	89	막걸리 1병
15시	100	청국장 반 그릇
16시	98	막걸리 1병
17시	101	계란말이, 불고기, 김치, 나물, 소주 반병
18시	106	-
19시	95	-
20시	-	수면
익일 기상 후 (4시)	105	-

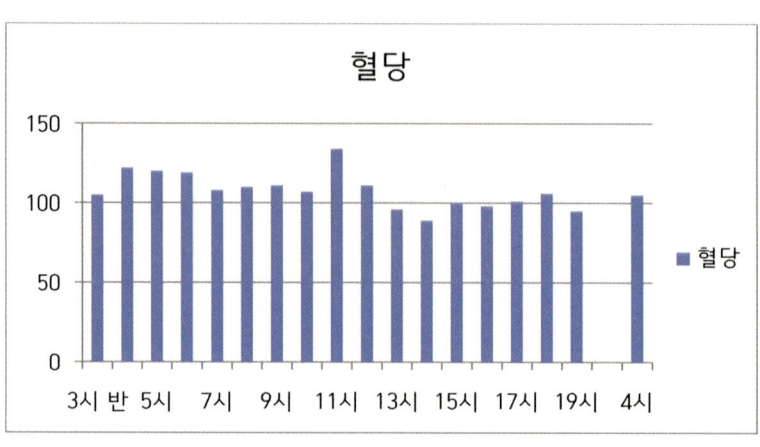

당화혈색소 검사 결과 (2024년) - 매우 정상

이번 장에서 아빠가 들려주고 싶은 핵심 내용은, 늘 같은 이야기이지만 제발 책 좀 많이 읽으라는 것이다. 아빠가 공복혈당 장애 진단받고도 건강 관련 책을 안 읽었다면 이렇게 건강이 좋아지지 않았겠지.
　세상의 모든 지식은 책 속에 다 들어있단다. 서민이는 요즘 아침에 딸기잼과 초콜릿을 듬뿍 처바른 식빵 먹고 학교 가던데, 아빠가 차마 엄마에게 싸대기 한 대 맞을까 무서워서 말 못 하고 있지만, 너네 그렇게 아침부터 고탄수화물 식단을 계속 먹었다가는 아빠보다도 더 일찍 당뇨병에 걸릴 것 같아 걱정이다.
　다만 서민이가 당뇨병 걸릴 걱정보다, 엄마에게 뺨 맞는 게 더 두려워서 차마 말 못 하고 있을 뿐이지.

　엄마를 탓하려는 건 아니고 서민이도 이제 고등학생이면 다 컸으니 본인 건강은 본인 스스로 지켜야 하지 않겠니?
　각자 본인의 컨디션과 신체 변화는 본인이 가장 잘 느낄 것이기에 스스로 관리해야지, 누가 대신 건강 챙겨줄 것으로 생각한다면 큰 오산이란다. 앞의 아빠 경험을 통해 잘 읽어봤잖니?
　20대까지 젊을 때는 신체 기능이 원활해 고탄수화물을 많이 먹어도 간과 췌장이 잘 버텨줘서 문제없을 수 있지만, 30대 넘어가면 슬슬 간 췌장의 피로도가 한계에 이르면서 신체 기능이 떨어지기 시작한단다.

30대 들어서 간, 췌장이 맛이 가기 시작해 고탄수화물의 당류 성분을 잘 해독 못 하면 긴급하게 당류를 지방으로 바뀌도록 처리해 버려서 갑자기 살이 확 찌는 것이지,

그러다 40대 들어서면 오랫동안 혹사당한 간, 췌장이 더는 제대로 기능 못 해 당뇨 및 합병증에 걸리는 것이란다.

사랑하는 서민이는 제발 아빠처럼 잘못된 식습관으로 마흔 넘어 당뇨 같은 질병에 걸리지 않도록, 어릴 때부터 채소, 신선육, 두부 등의 건강한 식습관 들이기를 간절히 기원한단다.

2024년 (만 43세)
저혈당 쇼크 실신

아빠는 2024년 1월 12일(금)에 난생처음 정신 줄 내려놓고 실신해 보는 흔치 않은 경험을 했단다. 서민이도 그날을 기억하고 있을 거야. 그날은 서민이 겨울방학 맞이하여 1박 2일 가족여행을 갔던 날이지.

강원도로 방향 잡고 안 가봤던 겨울 축제 찾아서 평창 송어 축제에서 놀다가 근처 펜션에서 하루 자려는 계획이었지.

아빠는 아침 식사 건너뛰는 간헐적 단식이 습관 되어, 그냥 공복 상태로 운전해 점심때 다 되어 봉평에 잠시 들러 오일장 둘러보고 식당에서 지역 특색 음식으로 첫 끼를 먹었단다.

메뉴 선정 권한을 가지고 있는 엄마는, 봉평은 메밀이 유명하니 메밀전병, 수수부꾸미, 배추전, 감자전 등 강원도 특색있는 메뉴를 시켰단다.

아빠는 평소에 고탄수화물 음식을 입에 안 대는데, 이날은 오랜만에 가족여행이었기에 분위기 맞추고자 엄마가 먹고 싶어 하는 고탄수화물 음식을 내색하지 않고 같이 먹었단다. 후식으로는 또 당지수 높은 과일인 귤을 여러 개 먹었지.

한 5~6개 먹은 듯하구나. 2022년 2월부터 식단관리 시작했으니, 근 2년 만에 먹어보는 현란한 고탄수화물 음식인지라 달달하니 맛있게 배불리 먹었지.

간만의 당류 음식 과다 섭취 후 13시경 목적지인 평창에 도착했고, 그날이 평일이었기에 아빠의 비대면 사업 관련해 몇몇 급한 견적 요청이 있어, 엄마와 서민이가 축제장에서 송어 낚시하는 동안 아빠는 차 안에 웅크리고 앉아 노트북으로 급한 일을 처리했었어.

봉평-평창 가족여행 중 저혈당 쇼크 실신하던 날

1시간 정도 집중해 급한 일 끝냈고 서민이는 아직 낚시 체험 중이라 아빠 혼자 축제장 주변을 산책하러 나왔지. 그런데 몸 상태가 좀 이상했단다.

　어질어질한 기분도 좀 들고 방금 점심 먹었는데도 다소 허기진 느낌이 들기도 하면서 정신이 살짝 혼란스러웠는데, 특히 확연히 기억나는 증상이 눈이었단다.

　눈 시야가 조금 흐려졌다가 약간 몽롱한 상태에서 다시 돌아오는 증세가 몇 번 반복되더라. 차에서 히터 틀어놓고 따듯하게 있다가 갑자기 추운데 나와서 그런가 싶어, 몸 좀 녹이려 인근에 농협 하나로마트에 들어갔지.

　따듯한 마트에서 평창 특산품이 뭐가 있나 구경할 요량으로 마트 여기저기를 둘러보는데, 시야 흐려지는 증상이 더 심해졌단다. 아빠는 분명히 눈 뜨고 진열대 물건을 쳐다보고 있는데 그 물건이 뭔지 알아보지를 못하겠고, 또한 큼직하게 쓰여있는 안내문들이 분명 글을 읽으려고는 하는데 도통 그게 무슨 뜻인지 머릿속에서 정리가 안 되는 난생처음 겪는 희한한 증상이 느껴지더라.

　왜 이럴까 싶어 두 눈을 크게 깜빡여보고자 지그시 눈을 감았다가 다시 눈을 떴는데, 웬걸? 아빠는 마트 바닥에 대(大)자로 누워있고, 마트 안에 사람들 여럿이 아빠 주변에 서서 걱정스레 쳐다보고 있었단다.

　아빠 바로 옆에는 119 구급대 2명이 아빠 팔에 혈압계 걸어 놓고 혈압 재고 있더라. 아빠가 눈을 뜨니 구급대원이 말을 걸어왔단다.

자기 말 잘 들리는지? 무슨 말인지 알아듣겠는지? 아빠는 당혹스러워하며 약간 어눌해진 말투로 잘 알아듣겠다고 대답했단다.

그때 마침 엄마에게서 전화가 왔지. 아빠는 엄마가 놀랄까 싶어 비록 약간 말투가 어눌했지만, 문제없다는 듯이 태연한 척 전화 받았고 엄마는 이제야 방금 송어 한 마리 잡았다고 들떠서 자랑했단다.

아빠는 어눌해진 말투로 그러냐고, 알겠다고 통화하다가 옆에 있던 구급대원이 전화 좀 바꿔달라 해서 건네주었고, 구급대원이 엄마에게 간략히 상황 설명해 주고 농협 하나로마트 앞에 주차된 119구급차로 와달라 했지.

구급대원에게 전해 들은 바로는, 주변 목격자에 의하면 아빠가 마트에서 갑자기 뒤로 픽 쓰러지더니 입에 거품 물며 팔다리에 약간의 경련을 일으켰다고 하더라.

사람들이 놀라서 119에 신고했고, 마침 119센터가 마트에서 가까운 1.5km 거리에 있어서 구급대가 몇 분 만에 일찍 도착했는데, 특별히 무슨 조치를 한 것은 없었는데 혈압 재는 등 아빠 상태를 살펴보려던 중에 아빠 스스로 눈을 뜬 것이었단다. 한 5분 정도 의식 잃었던 것 같구나.

정신 차린 이후 구급차로 같이 걸어가 이런저런 간단한 검사를 했는데 다른 특이점은 없고 혈당 수치가 60 정도로 매우 낮다며,

우선 혈당 높이도록 포도당 수액을 링거 주사해 주었단다.

나중에야 알았는데 실신 전에 느꼈던 어지러움이나 시야 흐려지는 증상들이 모두 전형적인 저혈당 쇼크 증상이었단다. 저혈당 증상을 난생처음 겪다 보니 적절한 대응을 하지 못해 실신까지 한 것이었지.

저혈당이 심해져 약 50 정도로 떨어져 순간적으로 뇌에 쇼크 와서 잠시 실신했다가 체내 긴급 자가반응으로 혈당이 다시 좀 올라가면서 깨어난 상황이었단다. 저혈당 증상과 원인 및 대책에 대해서는 조금 있다가 자세히 쓰기로 하고, 우선 그 이후 경과를 마저 들려주마.

119 구급대는 본인들이 보기에 저혈당 쇼크로 짐작되나 구급대는 의사가 아니기에 정확한 병명 진단을 할 수는 없고, 규정에 따라 가장 가까운 병원 응급실로 이송해야 한다더라.

그런데 인근 병원들 모두 뇌 질환일 수도 있는 실신 환자를 담당할 뇌신경과 의사가 없다며 이송받는 것을 거부했고, 심지어 나름 강원도에서 가장 규모 크다는 강릉아산병원조차도 볼 수 있는 의사가 없다며 이송 거부했다는 것이었다.

규정대로라면 119 구급대는 저 멀리 수도권 지역 응급실이라도 이송 함이 원칙이나, 아빠 상태가 지금은 멀쩡해 보이고 현재 상황으로는 저혈당 증세 외에 특이한 게 없기에, 그냥 엄마가 운전해서 자차로 집 가까운 병원에 가는 게 어떻겠냐고 꼬셨단다.

구급대 입장에서는 평창에서 수도권까지 멀리 갔다 오는 게 엄청 번거로웠겠지. 그러니 이렇게 말을 돌려 아빠 엄마를 설득한 것이 아닐까 싶구나.

집에서 멀리 있는 병원으로 이송하면 이것저것 오랫동안 검사받아야 하고 입원까지도 할 수 있는데 괜히 집에서 먼 병원으로 이송되는 것보다, 스스로 집 가까운 병원에 가서 편하게 검사받는 게 좋을 것 같다고 계속 아빠 엄마를 꼬셨단다.

그때는 아빠가 포도당 수액 링거 맞고 나니 혈당이 정상치로 돌아와 전반적인 컨디션이 정상적으로 회복되었고, 또 구급대의 설명도 영 틀린 말은 아니었기에, 그냥 엄마가 운전해 집 근처 병원에 가기로 했단다.

여기서 잠시 곁가지로 의견 덧붙이자면, 이날 우리나라 지방 소도시의 지역 의료 체계에 문제가 심각하다는 것을 현격히 몸소 경험했단다.

지방 소도시의 의료 수준을 개선하기 위해서는 의사를 더 많이 양성해야 하는데, 문제는 그 늘어난 의사들이 지방 소도시로는 안 가고 대도시로만 몰려 대도시에서만 개업의원이 넘쳐나게 되는 거지.

그러면 경쟁이 심해져 개업의원에서는 운영비 충당하기 위해 비급여 처방을 유도하며 매출 올리려고 혈안이 되고, 지방 소도시에서는 의사가 부족하니 제대로 된 의료 서비스가 제공 안 되는 악순환이 반복되는 것이란다.

생각해 보면 아빠는 운이 참 좋았단다. 만약 야밤에 혼자 있다가 이런 일이 생겼으면 쥐도 새도 모르게 그대로 숨 멎었을 수도 있는 것이었지.

마침 사람 많은 농협 하나로마트 안에서 실신했고, 또 인근 1.5km 거리에 119센터가 있었기에 구급대가 빨리 와 저혈당 쇼크로 파악해 포도당 수액 조치 받을 수 있었던 것이지.

게다가 별 후유증 없이, 한번 저혈당 쇼크를 겪어봤기에 저혈당 증상의 원인과 대응 방법을 명확히 깨치게 되었으니 지금 돌이켜 보면 오히려 전화위복이라 생각된단다.

포도당 수액 맞은 후에는 신체 기능은 정상적으로 돌아왔지만, 혹여 단순 저혈당 쇼크가 아닌 다른 뇌신경계 질병이 있을 수도 있으니 신속히 뇌 검사를 받아보고자 예약해 둔 펜션 숙박은 포기하고 숙박비 14만 원 날린 채 집으로 돌아왔단다.

어둑어둑해진 19시 반 경 집 근처 대형 병원에 아빠 혼자 내려 응급실로 걸어 들어가고 서민이와 엄마는 먼저 귀가했지. 응급실에서 실신 증상과 당시 낮은 혈당 수치 등을 설명하며 응급진료를 받았는데, 우선 긴급하게 뇌 단층촬영(CT) 등 몇 가지 검사 결과 특이 문제는 발견되지 않았어.

정확한 진단을 위해서 2주 후 뇌 자기공명영상(MRI) 정밀검사 및 뇌 신경과와 내분비 내과 전문의에게 진료받기로 예약하고 늦은 밤에 택시 타고 귀가했단다.

2주 지나 병원 재방문해 예약된 뇌 MRI와 뇌파 검사 후 진료받았는데, 정밀검사 결과 뇌 및 뇌혈관에는 전반적으로 특이 문제점 없는 건강한 상태라고 하더라.

결국, 아빠가 평창에서 그날 겪었던 것은 뇌신경 쪽 문제가 아니라, 봉평 오일장에서 급작스레 고탄수화물 식품 다량 섭취했던 것에 의한 혈당 스파이크 저혈당 증상이었고, 처음 겪어보는 저혈당 증상에 적절한 조치를 안 하고 내버려두다 보니 결국 쇼크 실신까지 했던 것이지.

어쨌든 이 기회 실손보험 적용해서 돈 몇 푼 들이지 않고 MRI와 CT, 뇌파 등 뇌 신경계에 대해 제대로 정밀검사 받았고, 그 결과 뇌 신경계는 건강하다는 확진까지 받았으니 결코 손해 본 것만은 아니라고 생각한단다.

그럼 대체 왜 저혈당 쇼크가 생겼는지 원인을 분석해 보자꾸나. 우선 정밀검사 결과, 뇌 신경계는 문제없다는 것이 확인되었으니 혈당 조절 등의 내분비 내과 문제였지.

하지만 내과 의사는 당시 아빠의 실신 증상이나 상황을 직접 본 게 아니므로 정확한 답을 주지 못했단다. 결국, 또 도서관 책들과 인터넷을 검색해 직접 알아보고 공부해야 하는 것이었지.

  그래서 한 달 정도 저혈당 관련된 정보들을 연구하며 원인을 분석해 봤는데, 쉽게 설명하면 담배 안 피우던 사람이 갑자기 담배 피우면 어지럽고 구토 나오는 것과 술 안 마시던 사람이 갑자기 독한 술 잔뜩 마시면 금방 취해 인사불성 되는 것과 같은 원리란다.

  앞서 설명했듯이 아빠는 2022년 2월 이후로 식단을 확 바꿔 탄수화물을 거의 안 먹었는데, 근 2년 가까이 탄수화물을 안 먹다가 그날 장시간 공복 상태에서 고탄수화물 음식을 갑자기 많이 섭취하니 혈당에 급하게 솟구쳐 오른 것이었단다.

  치솟는 혈당을 낮추기 위해 아빠의 췌장에서 긴급하게 인슐린이 대량 분비한 것이었고, 이에 따라 마치 배구 경기에서 강하게 스파이크 내리찍듯이 대량 분비된 인슐린 영향으로 혈당이 급하게 확 꺾여 수치가 낮아지는 혈당 스파이크로 인해 저혈당이 심화한 것이지.

  즉, 갑작스럽게 평소 안 먹던 고탄수화물 식품 섭취로 인해 혈당이 급증하니, 놀란 췌장에서 인슐린을 순식간에 너무 많이 분비해 혈당이 갑자기 급하강 되어 저혈당 상태가 되었고, 이에 따라 어지러우면서 시야가 흐려지는 등 전형적인 저혈당 증세가 나타났던 것이었단다.

사람의 뇌는 혈액 속의 당분 즉, 혈당을 주 에너지원으로 사용한다는데 혈당 스파이크로 저혈당 상태가 되니, 뇌에 에너지 공급이 부족해져 정상적으로 작동하지 못한 것이고 특히 뇌와 직결된 눈에서 시야 흐려지는 증상이 먼저 강하게 왔던 것이란다.

저혈당 증상을 느꼈을 당시 빨리 음식을 추가 섭취하면 혈당이 다시 올라갔을 텐데, 아빠는 저혈당 경험이 처음이다 보니 내버려 두었던 것이고, 그 결과 혈당이 계속 떨어지면서 50 이하 위험수치까지 떨어진 것이지.

혈당이 매우 낮아지자 에너지 공급이 부족해진 뇌는 호흡기관 등 생존을 위한 필수적인 기능만 유지 시킨 채, 소위 절전모드로 전환하여 전반적인 신체 기능을 멈춰버리게 된 것이라 하겠다. 즉 호흡기 등 필수 생명 유지 기능 외에는 뇌의 기능이 멈추었던 것이란다.

그 직후 뇌로부터 에너지가 부족하다는 위기 신호를 받은 체내 지방과 단백질에서 케톤 작용하여, 뇌에 긴급하게 보조 에너지를 공급해 준 것이고, 그래서 몇 분 후 아빠 스스로 정신 차리게 된 것이라 쉽게 설명할 수 있겠다.

참 쉽지? 이번 저혈당 쇼크 실신 경험을 계기로 아빠는 정말 큰 깨달음을 얻었단다.

첫 번째로 앞으로도 꾸준히 고탄수화물 음식은 먹지 말아야 하겠다는 것이고, 혹여 부득이하게 먹어야만 한다면 절대 공복에서 먹지 말고 저탄수화물 음식으로 먼저 배를 채운 뒤 먹어야 한다는 것이란다.

두 번째로, 아빠 나이 마흔셋에 난생처음 저혈당 쇼크로 실신도 해보고 나니, 정말 사람 목숨은 언제 어떻게 훅 갈지 모르는 거라는 것을 또 한 번 느꼈단다.
그러니 항상 사랑하는 가족에게 평소에 잘해주고, 서로 마음에 상처 남지 않도록 좋은 생각만 하고 좋은 기억만 남겨주어야겠다는 생각을 다시 한번 다짐하게 되었지.
사업해서 돈 많이 벌고 노령연금 빵빵하게 때려 부어 봤자 갑자기 훅 가버리면 말짱 꽝이니, 무분별한 과소비까지는 아니어도 적당히 나와 가족들을 위해 돈 좀 쓰면서 살아야겠다는 생각도 강하게 느꼈단다.

끝으로, 그때는 돈 좀 쓰면서 여유 있게 살자고 느꼈었는데 또 시간이 흘러 매일 10km 이상 러닝하며 건강에 확신이 드니, 다시 은퇴 후 노후를 잘 대비해야 한다는 생각이 강해졌단다.
그래서 역시 돈 벌 수 있을 때 열심히 많이 벌어놓고 노령연금을 빵빵하게 만들어놔야 늙어서 서민이에게 손 안 벌리고, 오히려 늙어서도 서민이에게 용돈 줘가며 떵떵거리고 사는 게 최고라는 생각으로 마음이 바뀌고 있단다.
열 길 물속은 알아도 한 길 사람 속은 모른다고, 사람 마음이

참 간사하기가 갈대 같단다. 근데 어쨌든 아빠의 바뀐 생각이나, 바뀌기 전의 생각이나, 둘 다 서민이에게는 전혀 손해 볼 것 없지 않니?

2024년 (만 43세)
수면 장애

아빠의 일기장을 찾아보니 본격적으로 수면 장애 증상이 발현된 것은 2024년 1월 6일부터였단다. 그전에도 아주 가끔 고민 많거나 스트레스 심할 때 간혹 잠 설친 적이 몇 번 있었지만, 연속하여 주기적으로 잠 설친 적은 없었단다.

그런데 2024년 1월 6일 이후로는 평균 한 주에 하루이틀씩은 주기적으로 잠 설치는 수면 장애 증상이 확연히 나타나고 있단다.

주요 증상은 4~5시간 정도 깊게 잘 자다가 일찍 깨어, 이후에는 깊게 잠들지 못하고 계속 뒤척거리며 얕은 잠 자며 꿈만 많이 꾸는 증세이고, 아주 가끔은 잠자리에 누워도 잠들지 못하고 2시간 정도 뒤척이다가 힘들게 잠드는 경우도 생겼단다.

증세 발현 초기에는 혹여 술 때문인가 싶어 술도 몇 달 줄여봤는데 하지만 수면 장애 증상은 나아지지 않았지. 앞장에 썼듯이 저혈당 쇼크 실신을 겪으면서 뇌 정밀검사 받는 동안 근 한 달 정도 술 자제해봤음에도 수면 장애는 개선되지 않았단다.

신경계 질환인가 싶기도 했지만, 정밀검사 결과 뇌 신경계에는 아무런 문제 없다는 게 확인되었지. 도대체 왜 갑자기 잠을 설치게 된 것일까? 뇌 신경계 질환도 아니고 아빠가 특별히 심각한 고민이나 스트레스가 있는 것도 아닌데? 늘 그러하듯 도서관의 책들에서 답을 찾았단다.

처음 수면 장애가 주기적으로 발현된 2024년 1월은 저혈당 쇼크 실신 충격으로 '이상하네? 왜 자꾸 잠을 설치지? 쇼크 후유증인가?' 정도로만 생각하고 별 신경 쓰지 않았단다. 그러나 수면 장애 증상이 발현 시기를 곰곰이 생각해 보면 저혈당 쇼크 발생보다 며칠 앞서 먼저 발현되었기에, 수면 장애 증상은 저혈당 쇼크와 인과관계가 없다고 결론 내렸단다.

수면 장애의 원인을 찾고자, 뇌신경 정밀검사 결과 이상 없다는 확진 받은 2024년 2월부터 본격적으로 도서관에서 수면에 관한 책들을 또 수십 권 빌려와 읽어봤단다.

그 결과 수면 장애 증상은 그저 자연스러운 노화 현상 중 하나라는 결론을 얻게 되었지. 40대 들어서면 눈에 노안 생기듯이 나이 먹으면 자연스레 수면에 영향 주는 멜라토닌 호르몬 작용에 변화가 생겨 잠을 설치면서 밤잠이 줄어들고, 대신 낮잠이 늘어나는 현상이 일반적인 노화 현상 중 하나라고 하더라.

사람마다 발현 시기와 강도 차이는 있지만 대체로 노안과 비슷하게 마흔 초중반 넘으면서부터 수면 장애 증상이 발현되고 점차 더 나이 듦에 따라 수면 장애 빈도와 강도가 달라진다는 것이란다.

이후에 알아보니 수면 장애를 아빠는 겪는 게 아니었단다. 아빠보다 더 나이 많은 엄마도 진작부터 겪고 있었고, 서민이 큰아빠는 불면증이 심해 병원 다니며 멜라토닌 호르몬 약 처방까지 받아먹고 있었단다. 동갑내기 아빠 친구들도 빈도와 강도에 다소 차이는 있지만, 아빠처럼 밤에 잠 설치는 경우가 종종 있다고 하더라.

처음 수면 장애 겪을 때는 잠을 푹 못 자니 정신이 몽롱하기도 하고 피곤하기도 해 약간 적응이 안 되었단다. 그런데 많은 책을 읽어 자연스러운 노화 현상이라는 것을 깨닫고는 좀 마음을 가라앉힐 수 있게 되었고, 이를 인정하고 자연스러운 현상으로 받아들이기로 생각하니, 주기적으로 증상 발현되는 요즘에는 적절한 대응 요령이 숙달되어, 이제는 별 어려움 없이 넘길 수 있게 되었지.

대응 요령을 간단히 설명하면, 가장 흔한 증상인 4~5시간 숙면하다 깨어난 후에는 계속 뒤척거리는 상황인데, 익숙해지니 요즘에는 그냥 눈 감고 머릿속 비우고 가볍게 쉰다는 느낌으로 마냥 누워있으면, 비록 깊은 잠은 안 오지만 얕은 잠이라도 계속 잠들 수는 있게 되었단다.

얕은 잠 중에는 뇌가 활동하기에 눈 역시도 활발히 움직이지. 비록 눈 감고 있어도 눈꺼풀 속 눈동자는 계속 움직이는 상태를 통상 렘(REM)수면 상태라고 하는데 몸은 누워서 쉬고 있지만, 뇌는 계속 활동하고 있기에 이때 온갖 잡다한 꿈을 많이 꾸게 된단다.

아빠가 막상 경험해 보니 꿈 많이 꾸는 것도 묘한 재미가 꽤 있더라. 맨정신에는 일부러 떠올리려 해도 얼굴 기억조차 안 나는 수십 년 전 옛 지인들이 꿈에서는 선명하게 재현되어 잊었던 옛 얼굴도 다시 보는 등 꽤 신비로운 경험도 있었단다.

물론 악몽은 싫단다. 하지만 다행히도 아빠는 악몽은 자주 꾸지 않기에 오히려 얕은 잠 중에 신비한 꿈 꾸는 게 은근히 밤마다 기대되기도 한단다.

또 다른 증상인, 자려고 누웠는데 잠이 안 오고 멀뚱멀뚱할 때는 그냥 자리에서 일어나버린단다. 한 30분 정도 누웠는데도 잠안 들면 침대 밖으로 나와서 잠들기 전 일상처럼 술 한 잔 더 하며 책 더 읽는 거지.

그러다 보면 다시 또 하품 나오고 졸음 오고, 그때 다시 가서 누우면 곧 잠잘 수 있단다. 아빠는 큰아빠처럼 약까지 먹어야 할 상황은 아니지만, 설사 수면 장애가 더 심해진다 해도 아빠는 되도록 약은 안 먹을 거란다.

앞서 여러 번 강조했지만 약은 반드시 독성과 부작용을 수반하기에 어떤 약이든 체내 작용하는 중에 간 등 신체 기관에 부담을 줄 수 있는데, 처방하는 의사나 제조하는 약사도 그런 부분까지 상세히 알려주지도 않고 책임지지도 않는단다.

아빠가 급성 A형 간염 걸려 간땡이가 만신창이가 되었을 때도 돌팔이 동네 의원과 약국에서는 종합감기약과 비타민 등 쓸모없는 약을 아빠에게 한 움큼씩 계속 먹였고, 그 여파로 아빠는 간에 더 큰 부담이 생겨 결국 입원까지 하게 되었던 것이었지.

이번 장의 결론은, 사람 나이 마흔 넘으면 이와 같은 여러 노화 현상이 나타나는데, 서민이는 아빠의 경험을 바탕으로 미리 관련 지식을 습득하여 나중에 아빠 나이 되었을 때 노화 현상 겪게 되면 당황하거나 고민하지 말고, 자연스레 잘 적응하기를 바란단다.

아빠에게는 이런 조언 해줄 사람이 없었지만, 서민이에게는 아직 아빠가 있고, 아빠가 살아있는 동안에는 서민이에게 도움 되도록 아빠의 경험을 최대한 객관적으로 정리해 공유해 줄 테니 부디 이런 정보들을 잘 활용하기를 바란다.

운동 건강

●
○

서민아, 사람은 마흔 살 넘어서면 건강에 많은 변화가 생긴단다. 그래서 이번에는 그나마 건강을 지키기 위해 아빠가 일상적으로 하는 운동에 대해서 들려주련다.

우선 한가지 짚고 넘어갈 것이, 마흔 넘어 서민이가 다행히도 아빠처럼 회사에 종속되지 않고, 무사히 독립 성공해 자유로운 삶을 살고 있다는 가정하에 이번 장의 내용을 적용할 수 있을 것이다.

만약 서민이가 마흔 넘어서도 직장에 매여있어 간신히 급여 소득 하나만 벌면서 지내고 있다면, 아마도 이번 글들은 읽어봤자 아무 쓸모가 없을 것이란다.

왜냐하면, 운동이라는 것도 시간 여유가 있어야만 할 수 있는 것이기에. 일반 직장인이 아빠처럼 많은 시간 내는 것은 도저히 불가능할 테니 이번 글들을 실행하기는 매우 어렵겠지.

아빠는 부디 서민이가 아빠 나이 되었을 때, 아니 아빠보다 더 빠른 30대부터 전문가로 인정받아 회사에서 벗어나 성공적으로 독립하기를 간절히 기원한다.

산에 취미 붙이다
(한라산은 동네 뒷산)

이번에 아빠가 들려줄 여러 운동과 건강 이야기 중 첫 번째는 아빠의 제주도 법인사옥 동네 뒷산 이야기란다. 제주도에는 우리나라에서 가장 높은 산이 있지. 아빠는 이 산을 동네 뒷산이라고 부르는데, 아빠가 이 한라산을 처음 올라 본 것은 제주도에 갓 입도한 2022년 8월 28일이었단다.

한라산의 등산코스는 여러 갈래 있지만, 백록담을 볼 수 있는 최정상 동능까지 가는 코스는 성판악과 관음사 탐방로 2개 코스뿐이지. 성판악 코스는 경사가 조금 완만하지만, 거리가 더 길고 관음사 코스는 반대로 거리는 조금 가깝지만, 급경사에 계단 구간이 좀 더 많단다.

사람마다 성향 차이는 있겠지만, 한라산을 수십 번 올라서 본 아빠가 보기에는 두 탐방로가 별 차이 없단다. 첫 등반 때에는 관음사 코스로 올랐었는데, 그때는 아직 운동을 많이 안 해 체력이 좀 약했던 때라 정상까지 3시간 30분이 걸렸었지.

한라산 계절별 등반 중 - 겨울과 여름

두 번째 등반은 선선한 가을날인 2022년 11월 5일에 올랐단다. 그때는 성판악 코스로 올랐는데, 예상외로 2시간 10분 만에 정상에 도달했지. 아빠가 1등으로 백록담에 도달해 "야호" 외침과 함께,

"내가 1등이다!"

"백록담에 나밖에 없다!"

"내가 한라산의 왕이다!"

등을 메아리를 외치며 엄청나게 신나 했단다. 제주살이 3개월 동안 아빠 혼자 지내며 철저한 식단관리 및 걷고 뛰기 운동을 매일 했더니, 그 3개월 사이에 아빠 체력이 엄청나게 좋아진 것이었지.

이렇듯, 사람 나이 마흔 넘어서는 아무에게도 방해받지 않고 혼자서 사색하며 자신을 돌아볼 수 있도록, 가끔은 혼자만의 시간과 공간이 절실히 필요하단다.

서민이도 곧 고등학교 졸업할 텐데 단 며칠이라도 제주도나 강화도에서 순수하게 홀로 지내보는, 자기 혼자만의 시간을 한번 가져보기를 적극적으로 권장한다. 이왕이면 군대 가기 전에 미리 그런 고독한 사색의 시간을 가져보는 게 좋을 듯하구나.

사람은 어차피 언젠가는 혼자 될 수밖에 없지. 그러니 늙어서 갑자기 혼자되어 엄청난 혼란과 외로움을 느끼기 전에, 젊을 때 미리 혼자 있어 보는 경험을 쌓아둔다면, 늙어서 시행착오를 줄일 수 있을 것이란다.

한라산은 거의 계절이 바뀌는 분기마다 한 번씩은 오르고 있는데, 2023년 1월에는 세 번째 등반으로 겨울의 한라산을, 4월에는 네 번째 등반으로 봄의 한라산에 이어서 올랐단다. 이후 지금까지도 계절마다 한 번씩 탐방로 코스 바꿔가며 매번 오르고 있지.

아빠는 한라산 오를 때 새벽 일찍 출발하는데 초창기에는 아빠가 1등으로 출발했던 경험도 있었지만, 요즘은 통상 50명 정도 뒤에서 출발하는 경우가 많단다.

한라산 등반 시간을 일반인 기준 편도 4~5시간으로 안내하는데, 아빠는 근 2시간이면 백록담에 오르니 일반인의 거의 2배 속도로 등산하는 것이지. 그래서 아빠보다 앞서가던 사람들도 중턱 정도 이르면 아빠가 모두 추월해 최고 선두로 오르는 경우가 일반적이란다.

아빠가 수십 명을 앞질러 오르는 동안, 아주 가끔은 이런 아빠조차 앞질러 뛰어 올라가는 엄청난 사람이 1~2명 있었단다. 그 사람들은 농담 아니라 정말 한라산을 마라톤하듯 달려서 뛰어가고 있었지.

아빠를 추월해 뛰어 올라가는 기인들을 보면 아무리 생각해 봐도 너무 대단하고 신기해서 도저히 사람으로 보이지 않는단다. 그래서 아빠는 그들은 인간계의 존재가 아니라 신선계의 존재로서, 아마도 한라산 산신령들이 아닐까 싶구나.

아빠 역시도 일반 등산객들이 보기에 굉장히 특이하고 엄청나게 빠른 속도로 등산하는 사람인데, 아빠조차 상대 안 되는 정말 대단하고 특이한 기인들이 간혹 있단다.

그분들을 본받아 아빠도 새로운 목표를 정했지. 기한을 정해둔 건 아니지만 머지않은 시일 내 아빠도 그 산신령들처럼 한라산을 뛰어서 올라 1시간 30분 내 정상 찍는 신기록 갱신을 구상하고 있단다. 어쩌면 아빠도 몇 년 후에는 해발 1,900m 높이의 백록담을 가뿐히 뛰어 올라가는 한라산 산신령 중 한 명이 되어있을 수도 있단다.

걷기에 취미 붙이다
(제주 올레길 완주)

 아빠가 2022년 2월 공복혈당 장애 진단을 받기 전까지는 휴일에 야트막한 동네 산들을 왕복 1시간 이내로 가볍게 산책하는 것 외에는 딱히 운동이라고는 한 적이 없었단다.
 지금 사는 송도에서는 청량산만 짧게 좀 올랐고, 이전 만수동 벽산아파트 살 때는 만월산이나 소래산 좀 짧게 올랐었지.
 공복혈당 장애 진단 이후에도 딱히 산 타는 것 외에는 별다른 운동은 없었단다. 다만 산의 종류가 조금 더 높은 문학산이나 계양산, 강화도 마니산 등으로 조금 더 다양해졌고 산에 오르는 횟수도 주 2~3회 정도로 조금 더 늘어났지.

 그러다, 산행에 자신감이 붙으면서 2022년 여름 동안에 우리나라 1~3위 높이인 설악산(3위), 지리산(2위), 한라산(1위)을 모두 섭렵하면서 산에 대한 흥미가 약간 떨어졌단다.
 그즈음 관심 생긴 게 제주 올레길이었지. 도시의 많은 직장인 중에 제주도 한 달 살기 해보면서 올레길 한 바퀴 완주하는 것을 간절한 로망으로 생각하는 사람이 꽤 많단다. 그런데 그 로망의 섬, 제주도에 아빠가 살고 있으니 이참에 올레길 제대로 걸어보는 것은 어떨까 싶었단다.

고민할 것 없이 2022년 가을부터 올레길 1코스를 시작으로, 별일 없는 한적한 주말에는 제주도에 있을 때마다 올레길을 코스 따라 걷기 시작했지.

등산은 한라산같이 특별히 높은 곳 외에는 대부분 1시간 정도면 걷는 게 끝났었기에, 처음 올레길 걸을 때는 1시간만 걸어도 다리가 뻐근해지고 피로가 느껴져 좀 쉬다 가고는 했었는데, 뭐든지 하면 할수록 실력이 늘어난다고 자주 걷다 보니 어느덧 주말 휴일에는 기본적으로 4시간 정도를 시속 5.5km의 빠른 걸음걸이로 휴식 없이 걷는 게 가능해졌단다.

게다가 단순히 운동 효과뿐만 아니라, 주변을 찬찬히 둘러볼 수 있는 걷기만의 매력에도 푹 빠지게 되었지. 차 타고 가거나 달려갈 때는 안 보이던 풍경들이 걸어보니 그제야 눈에 들어오더라. 제주 올레길 덕분에 아빠는 걷기의 매력에 눈을 떴고, 그래서 평일에도 멀리는 못 가고 송도 집 근처나 제주 법인 사옥 근처 골목 구석구석을 매일 새벽 2시간씩 운동 삼아 걷게 되었지.

즉, 평일에는 약 2시간씩 11km를 걷고, 휴일에는 약 4시간씩 22km를 매일 걷는 것이 일상이 되었단다. 제주 올레길은 제주 법인사옥에 머무르는 기간 중 주말 등 휴일에만 걷다 보니, 2022년 가을에 시작한 것이 근 1년 지나 2023년 여름 되어서야 제주도 섬 한 바퀴를 다 돌아, 올레길 전 구간을 완주했단다.

제주 올레길의 봄 (애월) ~ 여름 (이우테호 해변)

제주 올레길의 가을 (성산 일출봉) ~ 겨울 (서귀포)

제주 올레길을 시작으로, 지정된 코스를 따라 걷는 하이킹에 재미가 들리다 보니, 송도 자택에 있을 때는 인천 둘레길, 강화 나들길, 경기 둘레길, 서해랑길 등 주변의 여러 하이킹 코스를 걷고 있는데, 역시 우리나라 최고의 하이킹 코스는 제주 올레길이란다.

일단 코스가 경치 좋은 제주 해안가 위주로 구성되어 있어 볼게 많고, 안내표지와 이정표가 약 50m 간격으로 촘촘히 잘 배치되어 있어, 올레길을 걸을 때 길 찾느라 두리번거릴 필요 없이, 멍때리며 제주 풍경과 이정표만 바라보면서 걸을 수 있어 좋았단다.

하지만 올레길 외 다른 하이킹 코스들은 상대적으로 관리가 미흡해 안내표지 배치가 불량했단다. 낡아서 찢기고 떨어져 나간 곳도 많고 어떤 곳은 안내표지가 갑자기 사라져 안 보이기도 하고, 심지어 산길 한복판에 길도 없는 으슥한 수풀 속으로 들어가라고 잘못 안내되어있는 경우도 허다하더라.

아빠는 제주 올레길을 모두 완주해 봤지만, 제주도 생활 3년 차가 넘다 보니 제주도 내 어지간한 곳은 다 가봤기에 더 이상 가볼 곳이 없어, 제주도에서 주말 등 휴일을 보낼 때는 주야장천 올레길과 한라산만 번갈아 가며 걷고 있단다.

송도 자택에서 주말 휴일 보낼 때는 강화 나들길이나 서해랑길 등 내륙 하이킹 코스를 번갈아 가며 걷고 있는데, 안내표지 불량한 으슥한 숲길은 되도록 피해서 도로 위주 코스로만 골라 걷고 있단다.

예전에 새벽 일찍 강화 나들길 걷다가 으슥한 숲길에서 안내표지가 사라져 컴컴한 숲길에 혼자 길 잃어 무서워하며 헤맸던 좋지 않은 기억이 있어서 숲길은 되도록 피하고 있단다.

그리고 비록 휴일이지만 날씨가 안 좋거나, 또는 멀리 하이킹 코스 찾아가기 귀찮을 때는 그냥 집에서 걸어 출발해 동인천, 주안, 구월동 등 인천 구도심을 걸으며 시간이 지남에 따라 변화된 구도심의 풍경을 둘러보고도 있단다.

휴일에 인천 구도심 걷기

특히나 동인천 개항장 구도심 골목이 볼 게 참 많은데, 차이나타운도 있고 월미도도 있고, 유명한 신포시장도 있지. 그래서 동인천 구도심을 즐겨 찾는 중이고 그때마다 신포시장에서 서민이 좋아하는 공갈빵을 사다 주고 있단다. 아빠가 자주 사다 주던 공갈빵 기억나니?

동인천 신포시장 가족 나들이, 추억의 공갈빵

국토종단
(서해 인천항에서, 동해 강릉항까지)

이번에는 아빠의 국토종단 경험을 서민이에게 공유해 주련다. 서민아, 아빠는 2023년 여름에 제주 올레길 거의 완주할 즈음, 장거리 걷기에 대한 강한 체력과 자신감이 생겨, 향후 은퇴 후에는 돈 들이지 않고 건강 관리하며 시간 보낼 방법으로는 걷기가 제격이라는 생각을 했단다.

그래서 전국의 걷기 명소를 방방곡곡 걸어볼까 하는 생각에 노트북에 연결해 쓸 수 있는 휴대용 모니터와 이것들을 도보여행하면서 휴대할 수 있는 대용량 여행 배낭도 신상 구입했지.

그리고 전국 방방곡곡 걷기 여행의 첫 시작으로, 우리나라 서해바다 인천항에서 걷기 출발해, 동해바다 강릉항까지 걸어가 국토를 종단해 보겠다는 원대한 계획을 세웠단다. 아직은 비대면 사업을 겸하다 보니 평일은 일 좀 봐야 해서 주말 위주로 1박 2일 또는 2박 3일로 걸어서 국토 종단한다는 계획을 세웠지.

2023년 6월 초여름의 어느 날, 인천 구도심을 걷던 중 어쩌다 발길 닿는 대로 걷다 보니 인천항 연안부두에 다다랐고, 그때 갑작스레 떠오른 아이디어였단다.

마침 연안부두가 서해 끝단이니 여기서부터 걷기 시작해 동해 끝단 강릉항까지, 전국 걷기 여행의 첫 코스로 한반도를 동~서로 가로지르는 국토종단 대장정의 길을 걸어보기로 마음먹게 되었단다.

구태여 그럴싸하게 명칭 붙이자면, 철도 노선 중 경인 지역과 강원 지역을 연결하는 경강선 노선을 따라 걷는 코스이기에, '국토종단 경강선'이라고 거창하게 불렀단다. 그리고 당장 그날부터 실행에 옮겼지.

■ **국토종단 경강선 1일 차 (2023년 6월)**
서해 인천항 연안부두 출발 ~ 인천 구도심 둘러보기, 약 20km.

첫날은 인천항 연안부두에서 시작했단다. 대로변 따라 생각 없이 걷다 보니 인하대 후문을 거쳤고 용현시장과 수봉공원 등 인천 미추홀구 구도심을 아무 생각 없이 발길 닿는 대로 걷다가 귀가했단다.

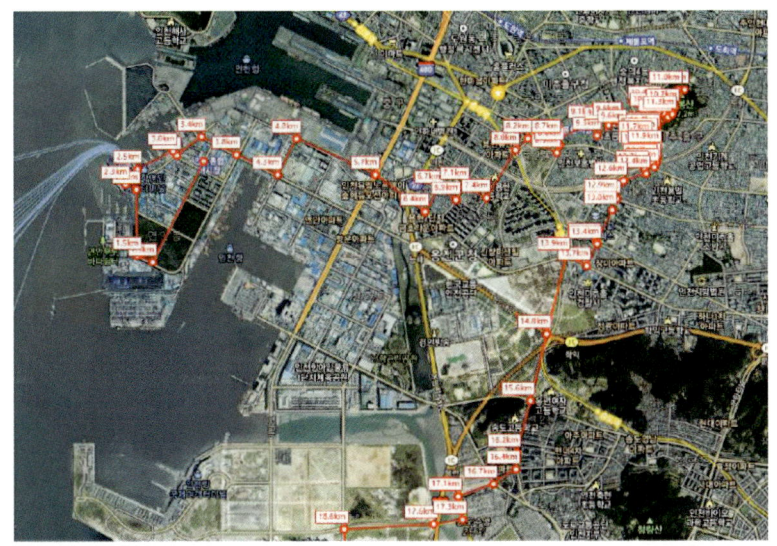

국토종단 1일 차 이동 경로

인천항 연안부두, 인하대학교

이제 첫날이니 무리하지 않고 적당히 체력 관리한 것이지. 첫술에 배부를 수 없는 노릇이니 욕심내지 말고 앞으로 주말마다 차분히 걸어보려 계획 세웠단다.

■ 국토종단 경강선 2일 차 (2023년 7월)

송도 출발 ~ 광명역 도착, 약 28km

국토종단 2일 차 이동 경로

시흥시와 광명시 경계 통과

한 주 지나 2일 차에는 송도 자택에서 걷기 시작해 동쪽으로 방향 잡고 무작정 쭉 직진했단다. 대로변 따라 직진으로 걷다 보니 어느새 인천광역시 경계를 벗어나 시흥시에 진입했고, 곧 광명시까지 진입하였지.

수도권 지역은 지하철이 있으니 대중교통 이용해 귀가하려고 이날은 목적지를 KTX 광명역까지로 잡고 약 5시간 걸은 끝에 도착했단다.

인천광역시 경계를 차량이 아닌 두 발로 걸어서 넘어본 생애 첫 경험이어서 꽤 흥미진진했었지. 그리고 도심지에서 시외로 좀 벗어나니 산자락 경치도 좋고 단독주택 등 이런저런 구경거리도 많아서 걷는데 심심하지 않았단다.

■ 국토종단 경강선 3일 차 (2023년 7월)

광명 출발 ~ 판교 도착, 약 23km

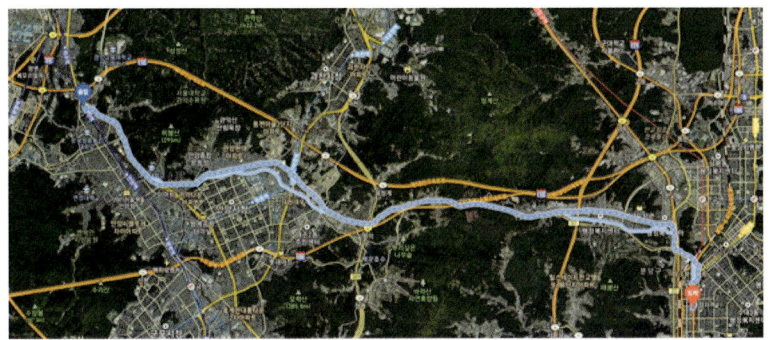

국토종단 3일 차 이동 경로

광명 관악역, 판교 정자역

다시 지하철 타고 광명 인근 관악역에서 내려 걷기 시작해 산길을 가로질러 판교 테크노밸리에 도착했단다. 판교신도시는 집값 비싸고 살기 좋다는 소문은 무성히 들어봤는데, 막상 처음 가보니 확실히 신도시라 그런지 전반적인 도시 분위기가 깔끔했단다.

특히 여러 IT 대기업 사옥들이 즐비하게 세워져 있으니 확실히 직장인들이 많이 몰릴 수밖에 없고, 그만큼 집값과 땅값이 올라갈 수밖에 없다는 것을 느꼈지.

역시 부동산의 가치는 그 땅에 사람이 얼마나 많이 지나다니냐에 따라 달라지는 것이란다. 어쨌든 판교도 수도권이니 귀가할 때는 정자역에서 수인선 전철을 타고 돌아왔단다.

■ **국토종단 경강선 4일 차 (2023년 7월)**
판교 출발 ~ 곤지암 도착, 약 31km

한 주 지나 다시 지하철 타고 판교역에서 내려 걷기 시작했지. 중간에 산악지로 막혀 있어 북쪽으로 돌아서 걷다 보니 거리가 좀 더 멀었는데, 확실히 판교 지나 곤지암에 들어서니 갑작스레 시골 분위기가 물씬 풍기더라.

불과 산지 하나 두고 건너왔을 뿐인데, 판교는 IT 대기업 고층 빌딩이 높게 솟아있는 세련된 느낌인 반면, 곤지암은 전원주택과 공장 등이 듬성듬성 들어서 있어 슬슬 도시 외곽 분위기를 내고 있었단다.

  그래도 아직은 전철이 다니기에, 곤지암역까지 걸어가서 전철 타고 한참 걸려 귀가했지. 이제부터 슬슬 대중교통 타고 다니기에는 많은 시간 손실이 발생하는 지점에 이르렀단다.

국토종단 4일 차 이동 경로

판교 테크노밸리, 곤지암역

■ 국토종단 경강선 5일 차 (2023년 7월)

곤지암 출발 ~ 여주 도착, 약 27km

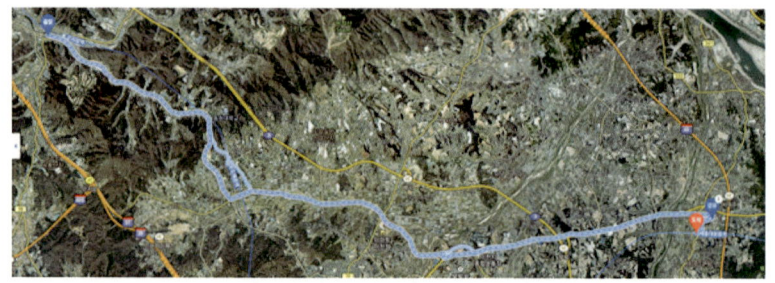

국토종단 5일 차 이동 경로

곤지암 소머리국밥 거리, 여주 새종대왕면

　국토종단은 주말에만 걷다 보니 5일 차밖에 안 되었지만, 어느덧 7월 말의 한여름 폭염에 들어섰단다. 그래도 사람이 다 하다 보면 요령이 생긴다고, 폭염 속에서도 토시에 양봉 모자 뒤집어쓰고 땀 뻘뻘 흘려 걸으며 색다른 동네 풍경 구경하는 것도 재미있더라.

이제는 전철역이 없어 더는 대중교통 이용이 어렵고 부득이 차 타고 가 출발지에 주차 후 열심히 국토종단 걸어서 목적지 도착하면 택시 타고 다시 출발지로 돌아오는 방법으로 진행했단다.
　차 없이 걸을 때마다 중간중간 쉬면서 종종 막걸리 한잔했었지. 이전까지는 내나 집에서도 마실 수 있는 서울 장수 막걸리 등 흔한 막걸리뿐이었는데, 여주에 들어서니 드디어 수도권의 흔한 막걸리가 아닌 지역 특산 막걸리들이 더 많이 보이기 시작했단다. 다만 차를 타고 이동하다 보니 현지에서는 못 마시고 사 들고 와 집에서 지역 특산 막걸리 맛을 음미했단다.

■ 국토종단 경강선 6일 차 (2023년 8월)
여주 세종대왕면 출발 ~ 강원도 문막 도착, 약 30km

　이날은 인천항에서부터 걷기 시작한 지 6일 만에 드디어 경기도와 강원도의 경계를 넘어섰단다. 지난번 종착지였던 세종대왕면에 주차 후 쭉 동쪽으로만 바라보고 걸어갔는데, TV에서만 봐왔던 세종대왕릉을 둘러본 후 의미심장하게 강원도 경계를 넘어섰단다.
　경기도 내 시군구 기초지자체 경계를 넘어서는 것도 살짝 희열이 있었는데, 이번엔 경기도와 강원도의 광역지자체 경계를 넘어서니 무언가 엄청난 목표를 이룬 듯 큰 뿌듯함을 느꼈단다.

경기도에서도 곤지암 들어서면서부터 확연히 시골 느낌 났었는데, 강원도 경계를 넘어서니 그 시골 느낌이 더더욱 진해졌단다. 건물도 없고 사람도 없고, 오직 인적 드문 산골에 자동차 도로만 덩그러니 있더라.

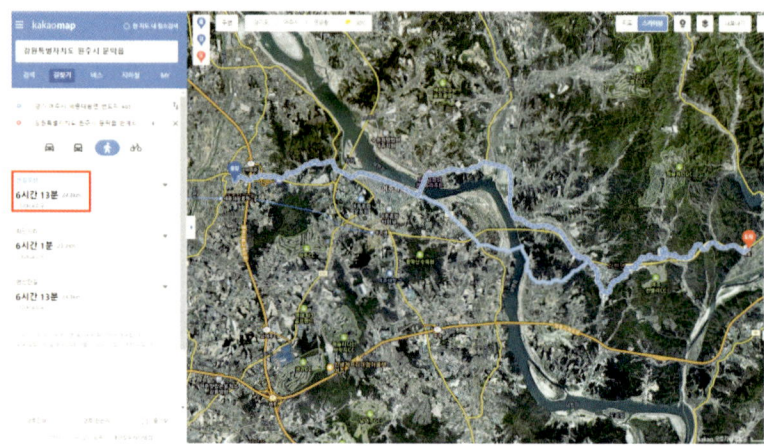

국토종단 6일 차 이동 경로

경기도 세종대왕릉, 강원도 문막읍

■ 국토종단 경강선 7일 차 (2023년 8월)

문막 출발 ~ 횡성 도착, 약 30km

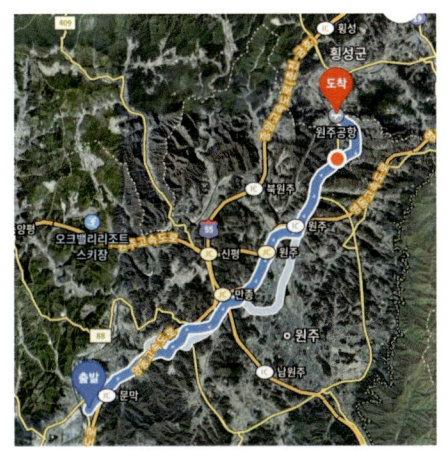

국토종단 7일 차 이동 경로

문막읍, 원주공항

경기도 권역까지는 그래도 자동차 도로이지만 갓길 한쪽에 사람이 걸을 만한 여유 폭이라도 있었는데, 강원도 들어서니 읍내와 읍내 사이에 산악지에는 정말 갓길도 없이 차를 위한 도로만이 있더라.

아마도 사람이 설마 걸어서 여기를 다니겠냐는 생각으로 도로를 그따위로 만든 것이겠지만, 사람이 걸어 다닐 여유 폭이 하나도 없어 정말 아찔하고 위험한 상황도 여러 번 있었단다.

차량이, 특히 화물트럭은 당연히 인적없는 길이니 엄청나게 세게 속도 내어 가는데, 걸어가던 사람이 혹여 발 꼬여 넘어지기라도 하면 그 순간 트럭에 치여 인생 하직할 수 있는 아주 위험천만한 길이었단다.

■ **국토종단 경강선 8일 차 (2023년 9월)**

횡성 출발 ~ 둔내 도착, 약 31km

강원도 들어서면서부터 읍내와 읍내 사이 도로를 걸을 때마다 불편함과 위험성을 느꼈었지만, 8월 한여름 땡볕까지 더해지니 도로를 사람이 걸어가는 것에 대한 위험성에 극한의 분노가 차올랐단다.

대체 내가 왜 이런 트럭에 치여 죽을 수도 있는 위험한 짓거리를 하는 것인지 후회도 밀려오기 시작했고, 점점 더 동쪽으로 갈수록 읍내와 읍내 사이는 멀어져, 걷는 내내 보이는 거라고는 산과 도로, 쌩쌩 내달리는 트럭뿐이었단다.

그래서 이날 이후 국토종단의 방법을 바꾸기로 생각했단다. 애초 목표대로 동해 강릉항까지 걸어가겠다는 의지는 변함없으나, 이렇게 볼 것도 없고 위험천만한 읍내와 읍내 사이 자동차 도로는 확 건너뛰고, 각 읍내에 주차해 동네 구석구석을 탐방하고 다음 읍내까지는 차 타고 건너가는 방식으로 말이다.

국토종단 8일 차 이동 경로

횡성 농협, 둔내 진입로

제3부 / 건강한 노후   285

■ 국토종단 경강선 9일 차 (2023년 9월)

장평 출발 ~ 평창 도착, 약 20km

국토종단 9일 차 이동 경로

장평5일장, 평창 서울대 캠퍼스

이날이 국토종단 방법 바꿔서 무작정 걸어가는 방식이 아닌, 읍내와 읍내 사이 자동차 도로는 차로 건너뛰고, 각 읍내를 두 발로 구석구석 걸으며 둘러보는 방식을 적용한 첫날이었는데, 불과 9월 초순임에도 불구하고 역시 강원도의 기온은 다르더라.

　수도권에서는 아직 한여름 기온인데, 평창에 다다르니 반바지와 반소매로는 한기를 견디기 힘들 정도로 추웠고, 또 걷다 보니 벌써 짙은 가을을 알리는 코스모스꽃이 길가에 만개해 있었단다.

　평창 넘으니 확실히 해발고도가 높아 그런지, 기온이 확 낮아지는 것을 느끼며 다음 주부터는 반소매로 다니면 안 되겠다는 큰 깨우침을 얻었단다.

■ 국토종단 경강선 10일 차 (2023년 10월)
진부역 출발 ~ 대관령면 경유 ~ 강릉항 도착, 약 34km

　읍내와 읍내 사이 자동차 도로를 건너뛰다 보니 예정보다 3일이나 앞당겨 강릉에 도착할 수 있었단다. 이날의 코스는 진부역에 우선 주차 후 그 일대를 약 1시간 동안 곳곳을 걸어본 후 대관령으로 이동했어.

　대관령 면사무소에 주차 후 주변 일대를 2시간 정도 걸어 둘러봤는데, 아직 초가을 날씨에 대관령 눈꽃 축제장 무대를 둘러보니 참 어색했단다. 대관령에는 항상 눈 쌓인 한겨울에만 왔었으니 그런 거겠지.

그리고 다시 차를 타고 산악지를 넘어 강릉역에 주차했단다. 그리고 강릉역에서부터는 이번 국토종단의 최종 목적지인 동해 강릉항까지 열심히 두 발로 걸어갔지.

진부역, 대관령 면사무소

강릉역, 강릉항

오후 3시 정도 되었는데, 드디어 강릉항에 들어서서 가장 바다 끝에 돌출된 방파제 위를 걸어가, 동쪽 바다의 최종 끝단 등대 밑에서 혼자 환호를 외치고 고래고래 소리 지르며 국토종단 목표 달성의 희열을 느꼈단다.

잠시 쉬면서 여운이 가신 뒤, 인근 편의점에서 캔맥주 한 캔 들고나와 해변에서 홀짝거리며 초가을 동해 바다를 바라보면서 고단했던 지난날의 여정을 되돌아봤단다.

그리고는 해 떨어지기 전에 강릉역 인근 모텔에 들어가, 시장에서 포장해 온 회 한 접시에 술 한잔 걸치며 강릉에서 아빠 혼자 하룻밤 꿀잠 잤단다.

■ 설악산 공룡능선 뒤풀이

서해 인천항에서부터 시작해 동해 강릉항까지 10일 동안의 국토종단을 끝마치고 마지막 밤을 강릉에서 보내는데, 이대로 그냥 집에 가기는 뭔가 좀 아쉬운 느낌이 들었지.

그래서 다음 날 집에 가기 전에 그 무시무시하다는 설악산 공룡능선을 종주해 보기로 마음먹었단다. 엄밀히 말하면 갑자기 생각한 것은 아니었고, 진즉부터 언제 강원도 갈 일 있으면 공룡능선 한번 가보려 평소 생각은 하고 있었단다.

설악산 최고봉인 대청봉도 올라봤고 흔들바위를 거쳐 울산바위

설악산 공룡능선 종주

정상도 찍어봤고, 인제에서부터 걸어 올라가 백담사도 둘러보았지만, 그 험준하다는 설악산 공룡능선은 아직 가 보질 못했기에 늘 마음속에 기회 있으면 한번 올라서 보겠다고 생각하고 있었단다.

다음 날 새벽 일찍 해 뜰 녘부터 설악산 소공원에 주차 후 공룡능선을 홀로 걸었지. 1년 전 대청봉 등반에서도 느꼈지만 역시 설악산 정상에서의 경치는 후덜덜하더라. 서쪽으로는 설악산 자락의 초록색 풍경이 쭉 펼쳐져 있고 동쪽으로는 동해의 파란색 바다 풍광이 너무 멋졌단다.

다만, 아빠가 공룡능선을 너무 쉽게 봤는지, 꼴랑 작은 생수 2병에 참치통조림 하나 들고 산에 올랐는데, 그 험준한 오르막과 내리막이 무한 반복되는 공룡능선을 타면서 너무 허기지고 지쳐서 심히 힘들었단다. 오죽했으면 거의 하산 중에는 계곡물을 그대로 퍼마셨겠니.

다행히도 그간 쌓아놓은 체력 덕분인지 쓰러지지 않고 완주해 잘 하산했고, 내려오자마자 편의점에서 체력을 보충했었지. 서민이도 나중에 공룡능선을 한 번 꼭 가보길 권장하고, 그때는 아빠와는 달리 간식거리 좀 여유 있게 챙겨가거라.

아빠가 경험했던 2023년 여름~가을의 국토종단 경험을 짧게 축약해 써 봤는데, 이번 경험을 통해 아빠가 들려주고 싶은 핵심 사항은 이렇단다.

1. 국토종단! 해볼 만하다. 한번 해봐라.

2. 단, 수도권 벗어나면 읍내와 읍내 사이 도로가 매우 위험하다.

3. 그러니 읍내 등 도심지만 둘러보고 다음 읍내로 넘어갈 때는 걸어가기보다는 차를 타고 이동하기를 권한다.

달리기에 취미 붙이다
(매일 10km 러닝)

　아빠가 한참을 걷기운동 하다 보니, 주말은 시간 많아서 상관없는데 평일에는 다소 시간의 압박을 느꼈단다. 아빠가 아무리 놀고 먹고 싶어도 평일에는 아침 9시부터 이런저런 업무 전화나 이메일 연락 오는데, 걷기운동 하다가 숨 헐떡이며 전화 받기도 좀 그래서 되도록 평일 9시 이전에는 사무실 출근해 있으려 했단다.

　그러다 보니 걷는 시간을 줄여야 했는데, 아빠는 악천후 등 특별한 상황이 아니면 매일 10km 이상은 걷거나 달리기로 마음먹었기에, 아빠의 결심을 바꾸기는 싫었단다.

　그래서 생각해낸 대안이, 주말에는 지금처럼 각종 하이킹 코스를 걷겠지만, 평일에는 매일 10km를 걷지 말고 뛰어가는 방법이었단다. 천천히 달려도 걷기 속도의 2배는 나오니 2시간 걸을 것을 러닝으로는 1시간이면 10km 이상 주파할 수 있지.

제주 해변에서의 러닝 - 봄, 여름

그게 아마도 2024년 초순이었는데, 그때부터 그렇게 아빠의 새벽 러닝 일상이 시작되었단다. 처음에는 러닝이 익숙하지 않아 숨도 가쁘고 좀 힘들었는데, 역시 뭐든지 하면 할수록 실력이 늘어나는 법이란다.

한두 달 꾹 참고 뛰다 달리다, 뛰다 달리다 하다 보니 어느 순간부터는 쉬지 않고 1시간 내내 10km 달려도 숨도 안 차게 되었지. 그리고 제주도 해안가에서 옥빛 바다 풍경 바라보며 달리면, 경치에 매료되어 더더욱이 힘들지 않는다는 신기함도 발견했단다.

이렇게 평일에는 달리다 보니 어느덧 책에서나 읽었던 '러너스 하이'라는 엔도르핀 분비 현상도 몇 번 경험해봤단다. 한 30분 이상 한참 달리다 보면 처음에는 숨차고 다리 뻐근하고 힘들었지만, 어느 순간부터 힘든 감정이 없어지고 기분이 상쾌해지며 집중력이 올라가는 현상이었지.

책에서 읽기로는 30~40분 이상 달리기하면 신체 활동량이 많아져 통증이 발생 되기에, 뇌에서는 통증을 완화하기 위해 모르핀과 유사한 성분 즉, 엔도르핀을 자체 분비한다던데, 그로 인해 통증을 느끼지 않고 더 빨리 더 많이 뛸 수 있게 되는 것이지.

그리고 2025년 요즘 들어서는 또 어느 책에서 인터벌 러닝의 효과를 읽었기에, 요즘은 천천히 달리다 전력 질주를 반복하는 인터벌 러닝에 매료되어 있단다.

대략 3~5분 정도는 조깅하는 것처럼 천천히 달리다가, 1분 정도는 100m 달리기 기록 경신하듯이 전력으로 질주하는 것을 뜻하지. 이렇게 하면 같은 시간을 달려도 더 많은 거리를 달릴 수 있고, 또한 체력소모가 더 커서 체중 감량에도 더 효과가 있다더라.

제주 해변에서의 러닝 - 가을, 겨울

그래서 2025년 요즘 아빠의 운동 패턴은 평일은 새벽 1시간 동안 10km 이상 러닝을 하고, 주말 및 휴일은 3~4시간 동안 약

20km 빠르게 걷는 하이킹 및 등산 위주로 하고 있지. 간혹 눈비 내리는 악천후에는 부득이 우리 아파트 계단 총 48층을 걸어 올라가는 실내운동으로 대체하기도 한단다.

게다가 날 따스한 봄~여름~가을철에는 등산할 때 맨발로 걷기도 많이 하지. 맨발로 걷는 것을 영미권에서는 '어싱(Earthing, 접지)'이라 부르는데, 즉 지구와 접촉한다는 의미이지.

이게 왜 건강에 좋냐면, 일단 발바닥 지압 효과는 기본이고, 또한 사람은 누구나 체내 정전기가 있는데, 맨발바닥으로 흙바닥과 접촉하면 체내 정전기가 발바닥을 통해 땅으로 방출된다는 원리란다. 정전기가 방출되면 체내 혈액 응고가 줄어들고 묽어져 혈액순환 잘되기에 혈관 등 전반적인 건강에 이롭다는 원리이지.

주저리주저리 글 썼는데 이번 글의 핵심은 아주 간단하단다. 서민이는 아빠처럼 소 잃고 외양간 고치듯이 마흔 넘어 당뇨 우려 진단 및 저혈당 쇼크 실신하고 나서야 이렇게 건강 챙기지 말고,

부디 20~30대에 건강할 때부터 운동 꾸준히 해, 아빠보다 더 건강한 마흔 시기를 맞이하기를 간절히 소망한단다. 서민이 중딩 때에는 아빠가 용돈으로 5만 원씩 줄 테니 왕복 2시간짜리 가까운 청량산 등산에 같이 가자는 알바 제안도 많이 거절했었는데… 니들이 아주 배가 불렀구나.

건강 챙겨주기 위해 아빠가 돈 주면서까지 운동시켜 준다 해도 거절하고 있으니, 아빠 생각으로는 아주 어처구니가 없단다. 하지

어싱 - 맨발 산행 중

만 니들 인생이고 너희들의 선택이니 더는 잔소리하지 않으련다.

아빠가 앞서 여러 번 언급했듯이 사람은 나이 마흔 넘으면 언제 어떻게 갑자기 훅 갈 줄 모르는 것이기에, 아빠는 되도록 서민이가 아빠와 웃고 행복해하던 좋은 추억만 간직하기를 바란다. 그래서 그냥 웃고 넘기련다.

하지만 서민아, 나중에 아빠가 세상을 떠난 뒤 너희만 남았을 때를 생각해봐라. 그때는 이렇게 용돈 줄 테니 같이 등산 좀 가달라는 사람이 있을 리 만무하잖니? 만약 고등학교 졸업 전에라도 이 책을 읽는다면 아빠에게 등산 같이 가자고 하며, 대신 용돈 좀 챙겨달라고 먼저 제안해 보길 권장하마.

끝으로, 고등학교까지만 아빠가 용돈 챙겨 줄 것이란다. 고등학교 졸업하는 순간부터는 더는 용돈 같은 거 알짤 없을 줄 알아라. 그래도 대학교 진학한다면 최소한 등록금까지는 지원해줄 것이다.

11장

원대한 노후 계획

-
- ○
- ○
- ○
- ○
- ○

이제 이 책의 마지막에 들어섰단다. 이번 장에는 아빠의 장래 인생 계획을 크게 10년 주기로 토막 내어 간략히 들려주련다.

미래에 과연 아빠 계획대로 잘 될지는 모르겠지만, 어쨌든 계획조차 없는 사람보다는 계획이라도 있는 사람이 목표를 이룰 확률이 높으니, 아빠의 노후 계획을 이루기 위해 우리 같이 노력하자꾸나.

40대까지는,
서민 독립 만세

아빠가 누누이 말하고 있지만, 서민이가 고등학교 졸업하는 순간 너희들은 독립해야 한다. 밖에 나가 따로 살아야 함이 원칙이나, 아직 자금 여유가 없어 지금 집의 너희들 방을 그대로 사용하겠다면 허락은 해주겠지만 그때부터는 매달 엄마에게 방값 내어야 한다.

만약 방값 내지 않으면 당장 쫓아내지는 않겠지만 밀린 방값 모두 기록해 두었다가 나중에 물려줄 돈에서 죄다 공제할 생각이다. 방값뿐만 아니라 집에서 식사 얻어먹으려면 그것도 엄마에게 밥값 따로 내야 할 테니 마음의 준비를 단단히 해두렴.

적정한 월세와 밥값 금액은 엄마의 결정에 따라야 할 것이니 조금이라도 가격 낮춰보려면 엄마를 잘 꼬셔야 할 것이다. 이 외에도 고등학교 졸업하는 순간부터 아빠는 서민이에게 더는 용돈 주지 않을 것이다. 서민이가 아르바이트 뛰어서라도 방값, 밥값 내고 스스로 용돈 사용하거라.

만약 필요하다면 엄마가 운영하는 ○○커피에 주말 아르바이트로 취직까지도 알선해 주마. 아르바이트 뛰기 싫다면 먹여주고 재워주는 대학으로 진학하면 된단다. 아주 쉬운 방법이지?

대표적으로 각 군 사관학교가 있겠고, 경찰대학도 있고, 이도 저도 어렵다면 '군대'라는 최고의 대학도 있단다. 아빠는 서민이가 장교나 부사관 등 군 간부로 지원해 20대 초반을 떳떳한 국방부 소속 공무원 직장인으로 복무하고 나와, 대기업에 취직해 10년 이상의 전문 경력을 쌓으며 전문자격과 학위 취득해, 30대 중반 넘어서는 프리랜서 독립하기를 간절히 희망한단다.

하지만 군 간부로 가는 게 부담된다면 차라리 병사로라도 스무 살 어린 나이에 군대 빨리 가거라. 그러면 먹여주고 재워주고 운동도 시켜줄 것이고, 게다가 요즘은 월급도 많이 준다 하니 그 돈 모아서 제대 후 방값 및 밥값 내면 될 것이다.

서민이 중학생 때부터 아빠가 여러 번 말해줘서 잘 알고 있겠지만, 아빠가 너희에게 매주 3만 원씩 키움증권 주식통장에 용돈 넣어주는 이유는 그 돈 모아 잘 투자해 성공적인 독립을 준비하라는 의도란다.

솔직히 아빠가 주는 매주 3만 원 말고도 엄마가 알음알음 용돈 많이 주잖니? 군것질은 엄마가 주는 용돈으로 해결하고 아빠가 주는 돈은 잘 투자해 독립자금에 보태거라. 그러라고 아빠가 용돈 줄 때마다 통장에 "독립자금"이라고 써주는 것이란다.

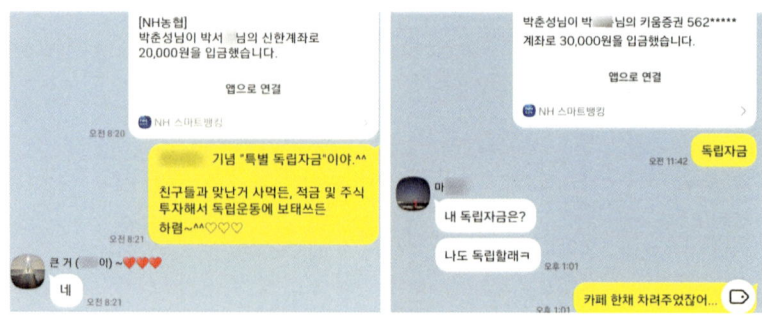

서민 독립을 위한 독립자금 지원

고등학교 졸업한 이후에 용돈은 안 줄 거지만 대학교 진학한다면 등록금까지는 아빠가 지원해 주련다. 단 대학원 등록금은 안 준다. 솔직히 아빠가 공학박사이다 보니 느끼는데, 박사 학위가 있으면 살면서 엄청 유용하단다.

그런데도 대학원 등록금은 안 주겠다는 이유는 대학원 가지 말라는 뜻이 아니라 너희들이 직접 돈 벌어서 가라는 취지란다. 눈물 젖은 빵을 먹어본 사람만이 빵의 소중함을 알듯이, 직장생활을 하며 힘겹게 야간에 대학원 수업 들어봐야 내 돈 아까워서라도 정신 차려 공부에 집중할 것으로 생각한다.

아빠는 그렇게 살아왔다. 고3 시절부터 아빠 스스로 돈 벌어 집 생활비 충당했으며, 군대 말뚝 박아 근 6년간 복무해 중사 제대해서 독립자금 마련했고, 독학으로 대학 졸업 후 내 돈 내고 대학원 석/박사 과정을 모두 마쳤단다.

아빠가 경험해 보니 그렇게 치열하게 살아보면 분명 남은 인생에 큰 도움이 된단다. 위기 대처 능력이 향상되고 목표설정과 이를 달성하기 위한 구체적인 계획을 수립하는 능력이 좋아지지.

 서민이도 성인이 된 이후에는 부디 스스로 삶을 개척하기를 소망한다. 대학원도 꼭 가서 해당하는 전문 분야의 박사 학위까지 취득하거라. 다만 대학원 등록금은 직접 벌어서 내어라.

 이처럼 아빠의 40대 인생 목표는 일단 서민이를 성공적으로 독립시키는 것이란다. 냉정해 보여도 어쩔 수 없다. 강아지 등 애완동물은 사람보다 먼저 죽기에 죽을 때까지 데리고 살 수 있지만, 서민이 보다는 아빠가 훨씬 먼저 죽을 것이기에 아빠가 건강할 때 서민이가 성공적으로 독립하는 모습을 봐야만 마음 놓고 눈감을 수 있겠구나.

50대까지는,
주 3일 근무하며 KTX 전국 여행

서민아, 일반 직장인들은 40대 중후반부터 자리가 위태위태해진 단다. 우리나라 통념상 마흔 중반 나이면 자녀가 중·고등학생이고 50대 들어서면 자녀가 대학생일 것이기에 사회적 통념으로 이 시기가 가장 많은 돈이 필요하지. 그래서 급여 수준도 이 나이 때에 가장 높게 책정해 준단다.

하지만 그건 고용된 직장인들만의 희망 사항일 뿐이고, 고용한 사업주 입장에서는 가장 가성비 불량한 직원들 나이대가 40~50 대란다. 사회적 통념상 월급은 가장 많이 받아 가지만, 나이 들어 체력 부족해 밑에 직원들에게 일 떠넘기거나 해 직접 하는 건 별로 없기에, 고용주 눈에는 40~50대 직원들이 아주 눈엣가시 같은 존재로 보이는 거지.

그래서 노동조합이 강성하고 법의 보호를 받는 공공기관과 대기업 외에는 정년이 거의 지켜지지 않고 대다수가 이 나이 때, 본의 아니게 회사를 떠나게 되는 거란다.

악덕 사업주는 꼬투리 잡아 대놓고 직접 해고하기도 하겠지만, 대부분 사업주는 간접적으로 무언의 압박을 계속 주는 방법으로 회사에서 스스로 떠나도록 유도하지.

예를 들자면 그 직원의 한참 밑에 후배를 그 사람의 직속상관으로 발령 낸다던가, 아니면 근무지나 책상 위치를 가장 안 좋은 구석에 배치해 무시당하게 만들거나, 또는 본인의 경력과 전혀 상관없는 업무를 시켜서 일 못 하는 무능력자로 느껴지도록 만들던가 등등 방법은 여러 가지 많단다.

하지만 대다수 직장인은 가족 먹여 살려야 하고 자녀 학비도 벌어야 해 일을 그만둘 수가 없지. 결국, 그 회사를 떠나 연봉 줄여가며 규모 작은 다른 중소기업으로 이직하거나, 또는 치킨집 등 자영업을 하는 등 어쨌든, 일을 손에서 내려놓지 못하고 계속 돈 벌어야만 하는 슬픈 운명이란다.

그렇기에 아빠가 늘 말하는 게 직장생활은 딱 10년만 하라는 것이다. 20대 중반에 취직해 30대 중반까지만 빡쎄게 근무해 담당 업역의 최고 전문가가 되고, 그동안 전문 자격과 석박사 학위도 취득한 후, 해당 분야 전문가로 인정받아 비로소 회사를 떠나 개인사업으로 독립해 자기 스스로를 고용하는 것을 권장하는 것이란다.

그러면 아빠처럼 이렇게 놀고먹으면서 간간이 하고 싶을 때만 일하면서도 충분히 여유 있게 살 수 있는 것이란다. 지금 아빠가 일을 계속하는 이유는, 물론 돈 더 버는 것도 좋지만 그보다는 그간 쌓아놓은 아빠의 건설기술 분야 전문성이 마냥 썩혀버리기에는 너무도 아까워서란다.

그래서 아빠 계획으로는 서민이 독립시킬 때까지는 지금처럼 제주도와 강화도를 오가며 쉬엄쉬엄 일하는 것이고, 서민이 독립한 50대부터는 좀 더 자주 다른 곳들을 여행 다니려고 계획 중이지.

아빠가 종사하는 건설기술 엔지니어링 업계에서는 50대도 한창 현역인 나이인지라, 아빠의 전문성이 아까워서라도 완전히 일 놓지는 않을 것이고, 대신 지금의 주 5일제를 차츰 줄여서, 서민이 독립시킨 50대에는 주 3일제 근무를 도입하려 생각 중이란다.

그쯤이면 우리 집 인근 송도역에서 인천발 KTX를 탈 수 있을 것 같구나. 현재 뉴스를 보면 2027년 개통 예정이라는데 온전히 믿을 수는 없지만 그래도 2030년 정도에는 완전히 개통되지 않을까 싶다.

뉴스를 왜 믿을 수 없냐면, KTX 개통한다는 이야기가 2017년부터 말 나오기 시작해서 애초 2021년에 개통하겠다는 것이 벌써 7년이나 지연되었기 때문이지. 지금껏 7년 지연되었는데 앞으로는 계획대로 진행될 것이라고 믿을 수는 없는 노릇이기에 그렇단다. 하여간 정부 및 정치인들 말은 절대 곧이곧대로 믿으면 안 된다.

하여튼, 우리 집 근처에 인천발 KTX 역이 개통되면, 주말에 KTX 타고서 안 가본 전국 방방곡곡을 둘러보며 다음 주 월요일까지 2박 3일 또는 3박 4일간의 도보여행을 다녀보려 한단다.

하차한 KTX 역과 그다음 역 사이에 길을 걸어봐도 좋을 것 같고, 아니면 KTX 정차역 해당 도심지에서만 2박 3일 내내 골목 구석구석을 훑어보는 것도 재미있을 것 같구나. 아직 체력 받쳐주는 50대에는 이런 식으로 주 3일만 업무 보면서 한 달에 1~2번 정도는 전국 KTX 역 주변 도심을 구석구석 도보여행 다니려 계획 중이란다.

서민이도 맨날 봐서 알겠지만, 아빠는 거의 매번 혼자 여행 다니고 있지. 이유가 여러 가지 있는데 대표적으로 지금 아빠 친구 중에는 아빠처럼 시간적이든 경제적이든 여유로운 사람이 없단다. 앞서 이 글 초입에 썼듯이, 아빠 또래 나이들이 딱 회사에서 눈엣가시 취급받으며 회사에서 살아남기 위해, 이 악물고 버티고 있는 시기거든.

그래서 아빠 또래 친구들과는 시간이 맞지 않는단다. 그리고 아무리 친한 친구 관계라 해도 서로 돈 쓰는 비율이 엇비슷해야 관계가 유지되는 법이란다. 예를 들어 한사람이 돈 많다고 혼자만 매번 술값 낸다면 다른 친구들은 부담을 느낄 수 있지.

두세 번 얻어먹었으면 그래도 한번은 사야 할 텐데, 당장 이번 달 생활비도 부족하고 자녀 학원비도 부족하다면 그 만남이 계속 유지될 수 있을까?

그래서 아빠는 친구들과 한 달에 딱 한 번 휴일 낮에만 만나서 가볍게 산행 후 저렴한 식당에서 점심 식사에 막걸리 한잔하는 정도로 소박하게 만남을 유지하고 있단다. 그래야 친구들도 얻어먹는 부담을 덜 느낄 것이고 다음번에 본인들이 한번 살 때도 부담이 덜 할 테니 말이다.

이왕 친구에 관해 말이 나왔으니, 추가로 아빠의 친구에 관한 생각을 몇 글자 더 써보려는데, 내놓고 쓰기가 좀 민망함이 있지만 아빠 친구들은 아마도 아빠 책 읽지 않을 것 같기에 솔직한 아빠 마음을 써보련다.

친구들은 같은 중학교와 고등학교에 다니며 학생 때는 출발선이 서로 다 비슷했지. 아니 오히려 아빠보다 다른 친구들이 부모님들의 경제적 능력이 받쳐 주었기에 같은 공고를 나왔어도, 다들 대학에 잘 진학했고 결혼할 때도 아파트 첫 집 마련 등 부모님들이 많이 도와주셨단다.

하지만 아빠는 초등학생 시절 엄마는 이혼해서 집 나갔고 고등학교 시절에는 아빠마저 뇌출혈로 쓰러져 식물인간으로 7년간 누워계시다 돌아가셨기에, 부모님의 도움이 없어 대학 진학도 못 했고, 생활비 벌려고 군대에서 부사관으로 말뚝 박기도 했었고, 제대 후 서민이 엄마와 결혼할 때도 모두 순전히 아빠 혼자 벌어들인 돈으로 15평짜리 작은 빌라 전셋집에서 시작하는 등, 뭐 이런 식으로 10~20대에는 아빠가 친구들에 비교해 훨씬 더 부족했었 단다.

하지만 시간이 흘러 어느덧 40대 중반이 되어보니 아빠 주변에서는 친인척이든 친구들이든 아빠가 어릴 적부터 만나온 모든 지인 중에 아빠 보다 여유 있게 잘사는 사람이 없단다. 지금은 아빠가 주변 지인 중에 가장 여유 있고 풍족하게 살고 있지.

집도 아빠가 제일 크고, 소득도 가장 높고, 재산도 많고, 무엇보다도 시간적 자유 측면에서도 아빠가 가장 여유롭지. 결국, 10대 나이에 출발선은 엇비슷하더라도 20대와 30대를 어떻게 살았느냐에 따라 40대 이후부터는 삶의 차이가 현격히 달라지는 것이란다.

그러니 누누이 같은 얘기 하지만 서민아, 취직 후 해당 분야에서 최고 전문가가 되어라. 10년 이상의 경력과 전문 자격, 박사 학위. 이렇게 3가지만 잘 준비해 놓고 30대 중반에 과감히 회사 떠나 독립하면, 더욱 많은 돈을 벌면서 더욱 여유 있게 살 수 있는 것이란다.

마지막으로 친구에 대한 아빠의 슬픈 경험도 하나 들려주마. 언젠가 아빠가 말해준 적 있었지만 까먹었을 확률이 높으니 다시 한번 글로 남겨주마. 앞서 얘기했던 출발선은 같았어도 어떻게 살아왔는가에 따라 40대 이후 삶이 현격히 달라진다는 말에 관한 대표적인 사례란다.

아빠에게는 소중한 중학교 친구가 유일하게 한 명 남아있었단다. 중2 시절 짝꿍으로 만나 중3 때에도 한 반이었고, 이후 계속 연락 주고받으며 정말 내 모든 것을 내줄 수 있다고 생각했던 절친이었지.

그 친구는 공부를 잘하는 편이어서 경희대 경영학과에 진학했는데 아빠 친구 중에서는 가장 학벌 좋은 친구란다. 그 친구 집도 그다지 부유한 것은 아니어서 젊은 시절 여러 아르바이트 하면서 학비 충당했었고, 계속 절친한 교우를 이어가며 아빠가 결혼한 이후에도 거의 매주 술 한잔하며 매우 친밀하게 지냈었지.

그러던 중 30대부터 아빠는 기술사와 박사 학위 공부하며, 자기계발에 집중해 아빠 몸값 높이는 동안, 그 친구는 주식투자에서 몇 번 이득을 남겨 자기 계발보다는 단타 위주 주식투자에 점점 더 집중했지.

마침 서른 후반 나이 비슷한 시기에 둘 다 회사를 그만두고 독립했는데 아빠는 공학박사와 기술사, 그리고 10년 이상의 전문 경력을 살려 프리랜서 교수로 돈 벌기 시작했고, 그 친구는 아예 전업으로 주식 단타 투자만 집중했단다.

그 당시 아빠가 기억하기로 그 친구는 주식 단타 투자로만 월평균 600만 원 정도 벌어 월급보다 주식으로 더 많이 벌 수 있다며 점점 더 주식 투자금을 늘려갔단다. 투자 원금이 커야 돌아오는 수익도 크기에 급기야 신용대출까지 최대한 받으며 주식에 몰입했지.

그 친구는 주식 단타 투자에 몰입한다고 정신이 없어서 점점 아빠와 연락이 줄다가 어느 순간부터는 연락이 아예 끊어졌단다. 그 전에는 매주 얼굴 보며 평생 친구라고 떠들던 사이도 이렇게 한순간에 연락 없는 남이 될 수 있는 것이란다.

그로부터 한 5년 지나서 오랜만에 그 친구에게서 연락이 왔었지. 결국, 가족 외에는 모두가 남이기에 5년을 연락 없이 지내다 보니 별 감흥도 없었지. 그래도 지난 25년간의 인연이 남아있으니 한번 만나 술 한잔 사주었는데, 그날 술자리에서 그 친구에게 들은 이야기란다.

주식투자가 나쁜 건 절대 아니지만, 빚지지 않고 그저 우량주 위주로 분산해서 장기투자를 했더라면 괜찮았을 텐데, 무리하게 테마주 위주로 시간 단위로 짧게 치고 빠지는 단타 투자에 모든 돈을 몰방하다 보니 어느 날 큰 손실을 보고 말았지.

거기서 멈췄어야 했는데 어떻게든 손실 만회해 보겠다고 제3금융권 사채까지 끌어서 주식 단타 투자를 계속하다가 결국 모든 돈을 날리고 돌이킬 수 없을 정도로 큰 빚더미만 남기게 되었다더라.

그로 인해 신용불량자가 됨은 물론, 빚쟁이들의 빚 독촉 때문에 공황장애 등 불안증도 심해지고 대인기피증도 생겨, 집 밖에 나가지 못하고 방에서만 틀어박혀 폐인처럼 숨어 지냈다며, 5년 지나서야 먹고는 살아야 하니, 마흔 넘은 나이에 코인노래방에서 카운터 아르바이트하면서 근근이 생활비 벌이하고 있다고 신세 한탄했단다.

다시 취직하려 해도 이미 신용불량자 신세에다가, 또한 30대 중반 퇴사 이후 5년 넘게 경력이 단절되어 아무리 경희대 경영학과를 우수한 성적으로 졸업했어도 더는 받아주는 회사가 없다며 서글퍼 했었지.

그날 이후, 다시 또 그 친구와 연락이 끊겼단다. 그 후에도 몇 번 연락해봤는데 응답이 없었지. 이 경험을 글로 쓰려니 아빠 마음이 아려온다. 한때는 아빠의 모든 것을 다 줄 수 있다고 생각했던 절친이었는데.

어쨌든 서민아, 아빠가 이런 슬픈 경험까지 들려주는 목적은, 아무리 친한 친구라 해도 결국 가족 외에는 모두가 남이라는 것이다. 명백한 진리다.

친구들과 사이좋게 잘 지내는 것은 좋지만, 친구들에게 목매달지는 말아라. 네가 힘들 때 친구들이 반드시 도와줄 것이라는 기대도 하지 말아라. 또한, 친구가 힘들 때 너의 모든 것을 다 바쳐 도와주겠다는 헛된 생각도 하지 말아라.

본인과 슬하 가족의 평온한 삶을 유지할 수 있는 능력 범위 내 도움 주거나 도움 받을 수는 있겠지만, 슬하 가족의 삶까지 고달 프게 만들면서 도움 준다는 것은 안 될 말이다.

친구는 남들보다 조금 더 가까운 지인일 뿐, 사이 틀어져 한번 연락 끊어버리면 그 즉시 남보다 더 안 좋은 관계가 되는 것이란다.

서민이에게 동심을 깨뜨려 버리는 냉혹한 현실 이야기해서 미안하지만, 현실은 정말 이렇단다.

60대부터는,
노령연금으로 해외여행 욜로~!

이제 정말 이 책의 마지막 꼭지에 들어섰다. 통계적으로 사람 몸은 40대 들어서면 한번 크게 쇠약해지고, 또 60대 들어서면 또 한 번 안 좋은 측면으로 큰 변화가 생긴다더라.

그렇기에 아빠가 아무리 건강관리 잘한다고 해도 아마 60대 들어서면 지금처럼 매일 10km 달리기나 휴일 20km 걷기 여행은 좀 힘에 부치지 않을까 싶다. 물론 그때 가서도 충분히 감당 가능하다면 지금처럼 꾸준히 운동하겠지만, 계획이라는 것은 항상 최악의 조건을 가정해 수립하는 게 안전하니 우선 체력이 저하될 것이라고 가정하고 노후 계획을 세우련다.

그리고 60대 들어서면 아빠가 아무리 돈을 좋아해도 이제는 매달 국민연금, 과학기술인 공제, 노란우산 공제에서 쏠쏠하게 연금 나올 테니, 평생 써도 다 못 쓸 수도 있어 더는 돈 벌기 위해 일하는 건 의미 없을 것으로 생각한단다.

그렇다고 아예 놀겠다는 건 아니고, 앞서 썼듯이 건설기술 전문가로서 평일에는 전국 방방곡곡의 자문, 심의, 점검, 강의 활동에 간간이 참여하며 그 수당으로 그 지역을 여행 다니며 놀지 않을까 싶고, 주말이나 휴일에는 엄마와 함께 해외여행을 좀 자주 다녀볼까 한다.

50대까지는 국내 위주로 많이 다니고 해외는 년 1~2회 정도만 가지 않을까 싶고, 60대부터는 어차피 써도 써도 계속 샘솟는 수백만 원의 연금이 있을 것이기에 좀 더 자주 해외로 나돌 생각이란다.

그때는 분명 체력이 지금만 못할 테니 도보여행이나 레저 등 신체 활동 많은 코스보다는, 편안하게 견문 넓히며 둘러볼 수 있는 관광 위주 코스로 다녀보려 한단다.

그때쯤이면 서민이도 서른 넘어 어엿하게 1인분의 역할을 잘하고 있을 것이라 예상하고, 너희들이 시간 맞는다면 아빠가 여행 갈 때 데려가 줄 용의도 있단다. 대신 그때는 짐 운반과 길 안내는 이제 서민이가 해야겠지?

서민아, 아빠 엄마의 노후는 전혀 걱정하지 말아라. 너희는 너희 스스로만 잘 챙기면 된다. 아빠는 ENTJ 스타일이라서 이렇듯 수십 년 후 미래까지 다 미리 계획하고 있단다. 주변 사람들이 흔히들 농담으로 아빠에게 종종 말하지. "너, T발, C야?"

Epilogue

　제가 하는 여러 가지 돈벌이 중에서 책 쓰는 일은 너무나도 가성비 안 맞아서 한때는 절필 선언도 했었는데, 2024년 여름부터 시작된 심각한 건설 불경기로 인해 시간이 너무나도 많이 남아돌아 헛되이 시간 보냄이 아까워, 아들에게 들려주고 싶은 이야기를 한 글자씩 써본 것이 근 1년이 지나 2025년 봄에 완성되었습니다.

　물론 아직도 여러 번 퇴고 과정과 출판사에서의 교정 교열을 거쳐야 하지만 그래도 또 한 권의 책을 완성했다는 데에서 뿌듯한 성취감과 희열을 느낍니다.

　어느덧 6번째 책인데, 이 책은 제가 아빠로서 아들에게 들려주고 싶은 제 삶의 경험 중, 40대 초중반이었던 최근 3년간의 경험을 기록한 책입니다.

　부디 서민이가 이 책을 읽어봄으로써 아빠가 겪었던 여러 경험을 간접적으로나마 미리 체험해 저와 같은 실수를 되풀이하지 않기를 바라는 마음에 구구절절이 써봤습니다.

그리고 서민이가 아닌, 그저 호기심에 이 책을 읽어주신 독자님께는 우선 이런 지극히 개인적인 경험과 생각을 써놓은 책을 읽게 해드려 대단히 부끄러움을 느끼며 송구하게 생각합니다.

  그런데도 읽는 동안 재미있게 봐주셨다면 지극히 감사드리며 만약 재미없게 보셨다면, 너무도 사적인 글들이라 그러했을 것이라 여겨져 다시 한번 사과드립니다.

  다음에 또 책을 쓸 것인지는 아직 미지수라 뭐라 미래를 약속드리지는 못하겠고, 그저 서민이를 포함해 이 책을 읽어주신 모든 분이 늘 건강하고 부유하고 화목하고 행복하게 잘 지내시길 기원할 따름입니다.

초고 완성에 이어 1차 퇴고까지 완료한, 2025년 3월 26일.
벚꽃 피는 제주 법인사옥에서

박춘성